교육평가
콘서트,
배움을 디자인하다

교육평가 콘서트, 배움을 디자인하다

(교사의 전문성을 완성하는 교육성장 프로젝트)

[행복한 교과서®] 시리즈 No. 47

지은이 | 부재율, 정민수
발행인 | 홍종남

2020년 2월 23일 1판 1쇄 인쇄
2020년 3월 1일 1판 1쇄 발행

이 책을 만든 사람들
책임 기획 | 홍종남
북 디자인 | 김효정
교정 교열 | 주경숙
제목 | 구산책이름연구소
출판 마케팅 | 김경아

이 책을 함께 만든 사람들
종이 | 제이피씨 정동수 · 정충엽
제작 및 인쇄 | 천일문화사 유재상

펴낸곳 | 행복한미래
출판등록 | 2011년 4월 5일. 제 399-2011-000013호
주소 | 경기도 남양주시 도농로 34, 부영e그린타운 301동 301호(다산동)
전화 | 02-337-8958 팩스 | 031-556-8951
홈페이지 | www.bookeditor.co.kr
도서 문의(출판사 e-mail) | ahasaram@hanmail.net
내용 문의(지은이 e-mail) | esfms@naver.com
※ 이 책을 읽다가 궁금한 점이 있을 때는 지은이 e-mail을 이용해 주세요.

ⓒ 부재율 · 정민수, 2020
ISBN 979-11-86463-47-5
〈행복한미래〉 도서 번호 078

교육평가 콘서트,

배움을 디자인하다

| 부재율·정민수 지음 |

TEST

Evaluation

행복한미래

교사는 교육평가로 성장한다

혹시 과일 좋아하시나요?

저는 과일을 무척 좋아합니다. 특히 제철에 나오는 과일은 영양가도 풍부하고 싱싱해서 즐겨 먹곤 하는데, 아무리 제철 과일이라도 잘 골라야 맛있고 과일 수확 시기나 특징에 따라 보관방법을 달리해야 오래 먹을 수 있습니다. 여름 수박을 한 번 떠올려보세요. 한 입 크게 베어 물었는데 기대했던 것보다 맹탕이라 실망했던 기억이 있을 겁니다. 그래서 저는 수박 아래 배꼽이 작은 것을 주로 찾습니다. 이렇게 배꼽이 작은 것을 '암컷 수박'이라고 하는데, 껍질이 더 얇고 당도가 높은 편입니다.

제철 과일 하나를 고르는 것도 넓은 의미로 보면 생활 속 평가활동입니다. '평가'라는 단어가 나올 때마다 불편한 기분이 드는 건 아마도 학창시절에 쌓인 경험 때문일 겁니다. 대부분은 같은 학년 친구들과 비교대상이 되었던 상대평가의 부정적 경험이 원인입니다. 그나마 다행인 것은 적어도 학생들을 단순 비교대상으로만

취급하던 시대는 지나갔다는 사실입니다. 오늘의 학교현장에서는 학생의 인권이 강조되고, 교육과정은 시대정신을 반영하기 위해 부단히 노력 중입니다. 지식 위주보다는 배우는 과정이 드러나는 모둠활동, 발표수업, 토의·토론 등 수행평가의 비중이 상대적으로 늘고 있습니다. 개정된 교육과정 역시 인문학적 소양을 기르기 위해 독서교육을 강조하고 있고, 인문·사회·과학기술 등의 기초소양을 통해 생각하는 힘을 기르도록 적극 권장하고 있습니다.

그 흐름은 변하고 있지만 교육평가를 바라보는 시선은 학교에서조차 여전히 불편하기만 합니다. 단순히 입시제도라는 블랙홀에 대해 따져보자는 게 아닙니다. 적어도 이 책에서는 입시제도 문제보다는 교육과정 – 수업 – 평가의 일체화 관점에서 교육평가를 바라보는 시선을 다뤄보고 싶었습니다. 입시와 평가라는 출발점에서 벗어나 교육이 정말 지향해야 할 교사의 가르침과 학생의 배움에 대해 집중하고 싶었습니다. 또한 교육의 주체인 교사와 학생의 교육적 성장 관점을 이야기하려 합니다.

왜냐하면 교육평가를 담으려는 우리 모두의 궁극적 목적이 '성장'에 있다고 믿기 때문입니다. '성장'이 모두가 갈망하는 것이라는 것에 동의한다면 우리 교육의 불편한 진실로 교육평가를 방치해서는 안 됩니다. 또한 학생부와 NEIS 기록, 그리고 입시제도에 가려진 교육과정 – 수업 – 평가의 통합적 연계과정을 외면해서도 안 됩니다. 우리가 지금까지 부정적으로 자리잡아온 평가의 희생자였다면, 이제 우리가 해야 할 교육평가는 과정과 결과 사이의 균형을 잡는 기준이 되어야 하니까요. 한쪽으로 편중되기보다는 교육과정 성취기준이 제시하는 지식과 기능, 태도를 고르게 가르치고 평가해야 합니다.

그런 점에서 우리 모두 깨어 있는 교육평가자로 성장하길 소망합니다. 학생들이 걸어가는 수행과정과 그 후에 드러나는 결과 사이에 즉각적 피드백을 하고 있는지 깊이 성찰할 수 있기를 바랍니다. '수업'이라는 그릇 안에 교육과정과 평가가 연계되어 있는지 함께 협력하길 기대합니다.

이 책을 통해 잠시나마 교육평가자의 눈으로 이 시대와 학교, 그리고 교실수업을 함께 바라볼 수 있으면 좋겠습니다. 그 시선을 조용하면서도 강렬하게 응원하겠습니다.

차례

• 1부 •

교육평가의 출발점: 교.사.성.장

· 4부 ·

교육평가의 베이스캠프,
수행평가와 과정중심평가를 주목하라

교육평가의 출발점
: 교.사.성.장

교육은 성장을 지향해야 합니다. 모든 학생들이 미숙에서 성숙에 이르도록 교

수적 기능을 활용해야 합니다. 평가가 필요한 지점을 찾아 형성평가와 피드백

에 집중해야 합니다. 전인적평가의 안목으로 수업과 평가에 피드백을 담을 때

교사성장을 이룰 수 있습니다.

01
우리는 매일매일 성장한다

인류는 성장을 멈춘 역사가 없다! 정도의 차이는 있겠지만 인류는 시공간적 한계를 딛고 조금씩이라도 성장해왔다. 거창하게 인류의 역사를 들먹이지 않더라도 성장은 우리 모두가 나아가야 할 지향점인 것만은 분명하다. 성장을 멈춘다면 인류의 역사는 이상 징후를 보이다 결국 퇴보하게 될 것이기 때문이다. 이런 질문을 하는 사람도 있을 것이다. "인간이 태어나 자라다가 다시 노년기를 맞아 죽음을 향하는 것은 퇴보 아닌가요?" 그렇지 않다. 육체는 노년기에 접어들며 점점 노쇠해지더라도, 변해가는 자신의 육체를 받아들이고 이해할 수 있다면 그 자체로 성장하고 있다는 방증인 셈이다.

성장 속도가 아주 빠르게 진행되는 시기가 바로 학교라는 울타리 안에 들어온 아이들의 학창시절이다. 교실에서 매일 접하는 성장기 학생들을 보면 성장 속도가 얼마나 빠른지 쉽게 알 수 있다. 만일 당신이 그런 학생들을 교육하는 위치에 있다면 당연히 그 '성장'에 주목해야 한다. 이때의 성장이란 단순히 미숙한 존재에서 성숙한 존재로의 변화만을 뜻하는 것이 아니다. 특히 교육을 통한 성장이란 학생들 스스로 타인에게 종속되어 있는 존재에서 주체적 삶을 사는 존재로 나아가야 함을 의미한다. 또한 타자와의 관계를 유지하면서 더불어 살아가는 삶을 영위하는 존재로 발전해야 한다. 따라서 교육을 통해 학생들의 성장을 모색한다면 학생 스스로 개인적인 주체성을 확립하고 우리 사회의 한 구성원으로서 사회적 위치를 찾아가도록 지원할 방안을 찾아야만 한다.

> "이승에서 인간이 얻는 가장 큰 행복은
> 사람들과의 융합과 일치다."
>
> **— 톨스토이 《인생의 길》에서**

사람들과의 융합과 일치 즉, 사회 구성원의 하나로서 자기 위치를 찾고 공감을 이루도록 하려면 어떻게 지도해야 할까? 고려대 석영중 교수는 러시아의 대문호인 톨스토이의 작품을 통해 성장이란 실존의 기본 조건이라고 말한다. 톨스토이의 성장은 자기의식에 집중하는 몰입을 통해 자아를 해방함으로써 세상과 교감하는 지점을 만나는 삶의 과정 자체를 의미한다. 적어도 톨스토이가 발견한 어떻게 살아야 하는가에 대한 답일 것이다. 성장이란 일시적 만족감이 아니라 삶을 영위하며 누리는 지속적인 기쁨과 더없는 행복을 의미한다.

교육을 통해 성장기 학습자들을 효과적으로 성장시키는 데는 많은 시간과 노력이 필요하다. 특히 대부분의 학교 교육 형태가 수업이기 때문에, 교사의 수업성장에 주목할 수밖에 없다. 그렇다면 교사의 수업성장은 어떻게 이루어질까? 가장 기본적인 것은 자기 수업에 대한 깊이 있는 성찰일 것이다. 이를 기반으로 나와 다른 각도로 수업을 바라봐주는 동료교사의 진솔한 수업코칭을 통해 수업전문성을 향상시키게 된다. 그런 점에서 수업자의 성찰과 참관자의 협력을 이끄는 성찰협력과정은 수업형성과 수업반영, 그리고 수업관찰의 단계를 반복하며 교사들의 수업성장을 효과적으로 모색한다고 할 수 있다(정민수, 2017).

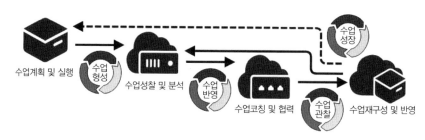

▶ **성찰협력과정의 순환 모형**(정민수, 2015)

'성찰협력과정'이란 교사의 자기성찰을 통해 수업전문성을 보다 효과적으로 지원하는 협력적 수업컨설팅 방법이다. 수업 주체 간 상호 동료코칭 활동을 통해 수업을 협력적으로 설계하여 교사의 수업성숙도를 향상시키는 것이 목적이다. 이러한 성찰협력과정은 교사 자신의 자발적인 성찰과 분석 그리고 동료교사의 상호보완적인 코칭과 협력을 통해 가능하다는 점에서 수업성장에 효과적이다. 또한 수업계획 및 실행부터 수업재구성 및 반영에 이르기까지 수업에 대한 성찰과 협력활동이 보다 유기적으로 이루어지도록 수업연구의 체계성을 확립했다는 데 의의가 있다.

교육평가의 근본적인 기능은 티칭이다

교육평가의 근본적인 기능은 티칭(teaching), 즉 가르침 자체에 있다. 따라서 교육평가가 교육을 구속하거나 교육대상에게 부정적 영향을 주는 것은 본래의 목적에서 벗어나는 것이다. 어떤 일이든 출발점이 될 기준이 필요하니 핀들리(Findley, 1963)가 정리한 교육평가의 3가지 기능에서 시작해보자.

1. 교육평가의 교수적 기능이란 교육의 진행과정에서 교사에게 학습목표를 확인시켜주고, 학생과 교사 간에 송환작용(피드백)이 가능하도록 해주며, 학생의 학습동기를 유발하는 기능을 의미한다. 수업시간 중에 평가를 통해 학습의 부족한 점을 파악하고 이를 보완할 수 있도록 지도하는 경우를 예로 들 수 있다.

2. 행정적 기능은 상급학교 진학을 위한 학생선발, 교육의 질을 관리하기 위한 학교의 책무성 평가처럼 행정적 목적을 수행하는 기능을 의미한다. 대학수학

능력시험을 치러 그 결과를 이용해 대학교 신입생을 선발하는 경우를 예로 들 수 있다.

3. 상담적 기능은 학생의 정의적 행동 특성을 진단하고 치료하는 기능을 의미한다. 일반적으로 흥미검사, 성격검사 등을 통해 학생이 가진 정의적 문제점을 발견하고 치유하게 된다.

이 중 학교에서 가장 중요한 것을 꼽으라면 역시 교수적 기능이라고 할 수 있다. 학습과 교육과정에 최대한 도움을 주어 학습효과를 극대화하는 것이 교육평가의 주요 기능이라는 데 이의는 없을 것이다. 최근 교사의 관찰을 강조하는 과정중심평가에서도 교수적 기능을 중요하게 다루고 있다. 과정중심평가에서는 특히 학습 결과뿐만 아니라 학습 과정을 평가하는 주요 방법으로서 학생들의 면밀한 학습관찰을 요구한다. 이때 교사는 수업 중 학생들의 반응이나 수행과정 또는 결과물 등에 대한 관찰을 통해 개별 학생의 특성을 파악하여 학생들이 사용하는 학습전략과 사고과정에 대한 정보를 파악해야 한다.

이형빈(2015)은 '교육과정 – 수업 – 평가의 일체화 맥락에서 학생들의 학업성취를 확인하는 과정으로, 또 교육목표 달성 정도를 확인하고, 교육과정과 수업개선의 자료를 활용하는 과정으로 평가 부분을 이해해야 한다'고 주장했다. 이러한 평가 패러다임의 변화는 기존의 선발중심 평가관에서 학생의 성장과 발달을 돕는 발달적 평가관으로의 전환을 끌어냈다. 평가결과를 사실적으로 기술하는 동시에 맥락을 통해 상황을 해석하고 결과에 이르는 과정을 중시하는 평가방식이다. 또한 최근의 학생평가는 교수·학습이 진행되는 도중에 학생의 학습과정을 진단하고 교사의 수업에 유용한 정보를 제공하여 교사와 학생 모두에게 교수·학습을 적극적으로 지원하기 위한 목적이 강조되고 있다.

구체적으로 2015 개정교육과정에서는 내용 영역별로 성취기준과 학습요소에 대한 교수·학습 방법 및 유의사항 그리고 평가방법 및 유의사항을 제시하고 있다. 이에 이경화와 동료들(2016)은 2015 개정교육과정에서 과정중심평가를 제시한 취지를 분석한 후 최신 교육이론과 연구를 중심으로 과정중심평가의 실행방향을 학습으로서의 평가, 형성평가, 수행평가를 포함한 평가로 제안했다. 하나씩 살펴보자.

첫째, 과정중심평가는 학습으로서의 평가로 학습이 일어나는 수업상황에서 평가가 함께 이루어져 교수·학습과 평가가 하나로 통합되는 평가로 이루어져야 한다(Shepard, 2000; Swaffield, 2011).

둘째, 과정중심평가는 형성평가로 수업과의 연계성을 지니고 있으며, 평가가 교수를 형성(form)하여 학생의 학습이 바람직하게 형성(form)되도록 이루어져야 한다(Stiggins, 2005; Wiliam, 2018; Wiliam & Leahy, 2007).

셋째, 과정중심평가는 수행평가를 포함한 평가로 교수·학습과 평가 간의 경계가 희미해지고 점차 통합되어 수행평가의 본질을 가장 높게 구현하는 참평가(authentic assessment)로 이루어져야 한다(백순근, 2002; Brookhart, 2003).

그러나 결과중심평가에 익숙한 교사들은 과정중심평가를 실행하는 과정에서 상당한 혼란을 겪는다(홍수향 외, 2017). 먼저 교사들은 과정중심평가를 수업 속에 이루어지는 학생의 배움과 성장발달에 대한 지원이라고 인식하면서도 전통적인 선발적 평가관으로 인해 세부실천 및 적용 방법에 대해 학부모와 학생 등 교육주체들과 충돌하곤 한다. 또한 과정중심평가의 범위는 수업 중에 이루어지는 모든 것을 지속적으로 평가하는 것이라고 인식하면서도 교육과정 및 수업과 일치하지 않는 평가를 하기도 한다. 따라서 평가에 대한 현장의 혼란을 줄이고, 교사의 융통성 있는 과정중심평가를 실행하려면 보다 구체적이고 현실적인 방안이 마련될 필요가 있다.

학생평가의 키워드: 측정, 평가, 총평

　　20세기 초반 검사개발이 활발하던 시기에는 '평가한다'(to evaluate)는 것이 곧 '측정한다'(to measure)는 것을 의미하기도 했었다. 그러나 평가(evaluation)와 측정(measurement)은 엄연히 구분되는 개념이다. 평가와 측정의 사전적 정의를 살펴보면 평가란 '어떤 대상의 질이나 가치를 판단하여 결정하는 것'을 의미하고, 측정이란 '어떤 행동이나 성격, 사물, 사건 등에 대해 양적으로 서술하는 것'을 뜻한다. 다시 말하면 평가는 그 대상의 가치를 판단하는 것이고, 측정은 평가를 위한 증거수집 활동으로서 대상을 수량화하여 나타내는 것이다. 따라서 측정은 수량화하는 과정이 필수적이고, 이를 위해 숫자(혹은 수학)를 사용한다.

　　다음 그림에서 보는 것처럼 평가는 측정의 상위개념이며 가치판단 과정을 포함하고 있다. 이러한 평가를 위해서는 질적 그리고 양적 증거가 필요하며, 이 양적 증거수집에 해당하는 과정을 '측정'이라고 부를 수 있다. 평가와 측정의 관계는 다음의 예를 통해 더 잘 이해할 수 있을 것이다.

▶ 평가와 측정의 관계

만약 학생이 영어권 국가의 외국인에게 관광안내를 할 수 있는 능력을 가지고 있는가를 판단하고자 한다면 이는 가치판단을 포함하고 있으므로 '평가'라고 할 수 있다. 교사가 측정도구를 사용하여 학생의 영어 듣기능력과 말하기 능력에 각각 90점과 95점이라는 수를 부여했다면 이는 평가를 위한 수량화된 증거를 수집한 것이므로 '측정'이다. 이때 교사는 평소 관찰을 통해 학생이 외국인과 이야기하는 것을 두려워하지 않고, 외국의 문화를 이해하는 데 적극적이라는 증거를 얻을 수 있는데, 이런 비수량화된 증거는 측정이 아니라 측정 부분을 뺀 나머지 부분에 해당된다. 이 경우 대부분 질적평가의 영역에 있다고 본다.

수량화하여 표현하는 측정 과정에서 중요한 것은 가장 실수(오차)가 적은 숫자로 나타내고, 이 숫자가 상황이 변하더라도 일관성 있게 유지되어야 한다는 것이다. 따라서 측정은 측정대상에 대해 정확하고 일관된 양적 표현을 산출해낼 수 있는 측정도구를 개발하고, 그 결과를 분석하는 데 초점을 둔다. 측정도구 중 가장 대표적인 것이 검사(test)다.

앞의 예를 계속 사용하면 학생의 영어 듣기능력과 말하기 능력에 각각 90점과 95점이라는 수가 부여되었는데, 이 수는 영어 듣기 검사와 말하기 검사를 치른 후 얻은 것이다. 이 경우 듣기 검사와 말하기 검사는 측정도구로서의 검사다. 물론 검사 이외의 측정도구도 존재한다. 만약 교사가 평소 영어시간에 학생의 발음을 관찰하여 5점 만점 중 5점을 주었다면, 이는 수량화된 증거이므로 측정이고 측정도구는 관찰법이라고 할 수 있다.

이외에 많이 사용되는 용어로 '총평(assessment)'이 있다. 총평은 '사정'이라고도 하는데, 이는 대상의 특성을 하나의 검사나 도구로 측정하여 평가하는 것이 아니라 여러 다양한 방법을 동원하여 종합적으로 평가하는 방법이다. 총평은 전인적평가라는 말과도 일맥상통하는데, 양적평가인 측정과 함께 질적평가(관찰에 따른 일화기록 등)도 함께 사용할 수 있다. 보통 총평은 일회성이 아니라 장기간에 걸쳐 이루어진다. 대상에 대해 다양한 정보를 수집하고, 정보를 해석하고, 종합하고, 정보를 선별하여 판단하는 과정은 상당한 시간을 요구하기 때문이다. 현실적으로는 학자에 따라 평가와 총평을 구분하지 않는 경우도 있고, 실제 상황에서 평가와 총평이 뚜렷하게 구분되지 않은 채 사용되기도 한다. 결론적으로 장기간 정보수집이 이루어지는 교실수업 현장에서는 총평을 통해 전인적평가의 안목으로 접근할 필요가 있다.

교수학습평가의 3가지
: 진단평가, 형성평가, 총괄평가

수업에서 교수학습평가가 이루어지는 과정을 보이는 여러 가지 모형들이 존재한다. 이 중 그레이서(Glaser, 1962)에 의해 소개된 기초교수모형(Basic Teaching Model)은 지금까지 발표된 여러 모형의 초석을 제공한다. 특히 이 모형을 통해 교수(학습)목표, 출발점 행동, 교수과정, 성취평가, 송환의 핵심단계를 이해할 수 있다.

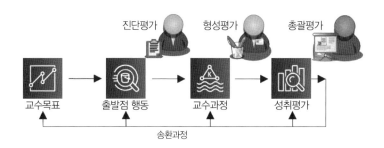

▶ Glaser의 기초교수모형과 교수 · 학습 진행 순서에 따른 평가

위 모형에 의해 진행되는 교수·학습의 과정에서 평가가 필요한 3가지 지점이 있다. 먼저 설정된 교수(학습)목표를 배우기 전에 학생이 배울 준비가 되어있는지를 평가할 필요가 있고(진단평가), 교수목표를 배우는 과정 중 교수·학습이 제대로 이루어지고 있는지를 점검하기 위해 평가할 필요가 있으며(형성평가), 최종적으로 교수·학습이 완료되는 시점에서 사전에 설정된 교수(학습)목표의 달성 여부를 평가할 필요가 있다(총괄평가).

진단평가

교수·학습을 시작하기 전에 학생의 특성을 파악하기 위해 실시하는 평가를 진단평가라고 한다. 교수·학습이 이루어질 학습목표와 관련된 능력 혹은 내용에 대한 학생의 사전학습 정도, 흥미, 동기 등을 평가한다. 이러한 진단평가는 학기 초, 새로운 대영역 학습을 시작하는 시점, 혹은 차시별 학습을 시작하는 시점처럼 교수·학습의 과정이 시작될 때에 이루어진다.

예를 들어 학기 초에 교사는 새로운 학생들을 접하고, 학생들은 서로 다른 능력 수준을 가지고 있다. 즉 모든 학생이 서로 다른 곳에서 출발하는 것이다. 교사는 진단평가를 통해 학생들의 출발점 위치를 파악한다. 진단평가의 결과는 교사가 가르칠 내용의 범위, 수준, 수업방법을 계획하는 데 도움이 되는 정보를 제공한다. 이처럼 서로 다른 능력 수준에 있는 학생들의 출발점 행동 파악을 목적으로 실시하는 평가가 진단평가다.

진단평가의 목적은 출발점 행동 파악을 통해 교수·학습의 효과를 극대화하고자 하는 것이다. 교수·학습이 이루어지기 전에 학생이 배우고자 하는 능력 혹은 학습목표와 관련된 능력을 어느 정도나 가지고 있는지, 내용에 대해 흥미가 있는지, 배우고자 하는 동기가 어느 정도인지 등을 파악하여 교수 · 학습 과정에서 어떠한 내용을 어떠한 수준에서 어떠한 방법으로 배우게 할 것인지를 계획하여 진행하고자 하는 것이다.

예를 들면, 초등 3학년 2학기에 4단원 분수 성취기준 [4수01-11] '단위분수, 진분수, 가분수, 대분수를 알고, 그 관계를 이해한다'에 기반한 수업을 하기 전에 미리 학생들의 선수 학습(예, 동분모 진분수의 크기 비교) 수준이 어떤지, 학원이나 과외 선행학습을 통해 분수에 대해 벌써 다 알고 있는지, 수학 공부에 대한 흥미 자체가 없는 것은 아닌지 등을 파악하여 그 결과에 따라 적절한 교수법을 계획하고 제공하는 것이다.

이러한 진단평가의 목적상 규준참조평가보다는 준거참조평가의 형태로 평가가 실시된다. 학생의 서열을 파악하는 것은 교수계획을 세우는 데 별 도움이 되지 않는다. 특정 영역의 성취정도나 특정 지식, 기능의 성취정도를 파악하는 게 더 낫다.

형성평가

앞에서 교수목표를 배우는 과정 중에 교수 · 학습이 제대로 이루어지고 있는지를 점검하기 위한 평가가 필요하다고 했는데, 이것이 형성평가다. 진단평가의 결과를 이용해 가르칠 내용의 범위, 수준, 수업방법을 계획하고 교수 · 학습 과정을 진행하는데, 이때 실제로 교수 · 학습이 잘 이루어지고 있는지를 확인하기 위해 과정 중에 실시하는 평가다.

형성평가는 보통 교사가 수업을 진행하는 과정에서 관찰하거나 과제를 부여하는 방식인데, 형성평가의 결과를 통해 교사는 학생들의 학습이 계획대로 이루어지고 있는지, 예기치 못한 문제가 발생했는지 등을 점검한다. 필요할 경우 진단평가의 결과로 세웠던 수업계획을 수정하기도 한다. 이처럼 교수활동이 진행되는 도중에 수업 개선을 목적으로 실시하는 형성평가는 피드백에 강하다는 특징이 있다.

형성평가 결과를 통해 학생은 학습할 때 어느 부분을 성공하고 어느 부분이 어려운지, 실패율이 높은 부분은 무엇이며 그 이유는 무엇인지 등에 관한 정보를 얻을 수 있다. 교사는 자신의 교수방법에 어떠한 장점이 있는지, 허점이나 미비점이 있는지 등에 대한 정보를 얻을 수 있다. 결국 학생과 교사가 잘못하고 있는 점을 누적시키지 않고 피드백을 통해 즉각적으로 교수·학습을 개선할 수 있게 되는 것이다.

형성평가는 학습동기 유발에도 효과적이다. 학습이론에 따르면 특히 내재적으로 동기화된 학생은 좋은 평가결과 그 자체만으로 성취감을 느낄 수 있으며, 이는 학습동기를 유발하고 지속시키는 데 큰 도움이 된다.

형성평가를 통해 학생들의 학습속도에 맞추어 교수·학습을 진행하기 위한 정보를 얻을 수도 있다. 특히, 학습내용이 일정한 선후관계에 의하여 조직되어 있을 때 적절한 간격을 두고 실시되는 형성평가는 교수·학습의 진행속도를 조절하는 데 큰 도움이 된다.

형성평가의 목적상 규준참조평가보다는 준거참조평가의 형태로 실시된다. 어떤 평가를 실시하든 학생 간 서열이 나타나기 마련인데, 이것은 교수·학습을 개선하는 데 별다른 도움이 되지 않는다. 최악의 교수·학습이 진행되고 있어도 각 학생마다 성취의 차이는 있을 것이기 때문이다. 준거참조평가를 통해 특정 영역에서 성취가 제대로 이루어지고 있는지, 특정 성취기준(학습목표)의 도달 정도(여부)는 어떤지 등을 파악하는 것이 교수·학습 개선에 도움이 된다.

총괄평가

교수·학습이 완료되는 최종 시점에서 사전에 설정된 교수·학습 목표의 성취 정도를 평가하는 것이 총괄평가다. 일반적으로 총괄평가는 중간고사, 학기말고사, 혹은 학년말고사처럼 일정 기간의 수업이 종결되었을 때 실시되기 때문에 교육목표의 달성 여부 혹은 성취정도의 판정뿐만 아니라 학생들 간의 성취정도 비교라는 목적도 갖게 된다. 다시 말해, 총괄평가는 교수활동이 마감되는 시점에서 처음에 설정된 교육목표에 비추어 학생들이 목표를 달성한 정도를 파악하는 것과 학생들의 학업성취도 수준을 상대적으로 변별하여 등급을 매기거나 성적을 산출하는 목적을 모두 갖게 된다.

교육목표 달성 여부 판정과 성적 산출이라는 2가지 목적을 가진 총괄평가는 일반적으로 공식적인 의사결정을 위해 사용되며, 일회성이라는 특징이 있다. 물론 수업 도중에 치러지는 형성평가 성적을 통지표나 학교생활기록부 성적에 포함시킬 수도 있지만, 총괄평가를 실시하는 경우라면 학교생활기록부 등 공식적인 문서에는 주로 총괄평가 성적을 올린다.

형성평가는 수업활동 진행과정에서 여러 번 실시되지만, 총괄평가는 단 한 번으로 모든 것을 판정한다. 따라서 총괄평가는 교사가 아닌 평가전문가에 의해 제작된 검사도구를 사용하는 경우가 흔하다. 대표적으로 교육지원청 학력평가, 전국단위 학업성취도검사 등 외부 평가전문가에 의해 개발된다. 교사가 출제하는 경우에도 출제, 실시, 채점과정에서 엄격한 행정적 관리가 이루어진다.

총괄평가는 2가지 목적이 있으므로, 평가상황에 따라 평가종류가 결정된다. 서열에 의한 판단이 중시된다면 규준참조평가가 될 것이고, 영역의 성취정도 혹은 교육목표의 성취 여부가 중시된다면 준거참조평가가 될 것이다. 예를 들어, 학기말고사의 성적이 상위학교 입학을 결정하는 전형자료로 사용된다면 서열 정보가 중시되는 경우이므로 규준참조평가의 모습을 보일 것이다. 이에 반해, 중간고사를 실시해 학습한 영역의 성취정도를 파악하여 최소 필수수준에 미치지 못한 영역을 개인별로 복습시키고자 한다면 준거참조평가의 모습이 될 것이다. 일반적으로 총괄평가는 규준참조평가의 모습으로 사용된다. 준거참조평가 형태의 총괄평가는 뒤에서 따로 살펴보도록 하자.

형성평가와 피드백은 수업을 풍성하게 한다

2015 개정교육과정에서는 형성평가와 피드백을 강조한다. 특히 평가에 있어 피드백의 비중이 매우 높다. 따라서 형식적 피드백과 비형식적 피드백 등 교실에서 사용 가능한 피드백의 유형을 살펴보고 성공적 피드백을 위한 요건들을 점검해보자.

피드백(송환)은 좁은 정의, 확대된 정의, 넓은 정의로 구분하여 살펴볼 수 있다(김성숙 외, 2015). 좁은 정의란 학생의 평가결과를 토대로 성적(점수, 등급, 석차 등)을 알려주거나 정·오답 여부를 알려줌으로써 학생의 오개념을 수정하는 역할을 말한다. 반면 확대된 정의는 학습 진행과정에서 학생의 현 위치를 정확히 짚어줌으로써 학습목표와의 차이를 좁힐 수 있도록 향후 학습을 돕는 정보를 말한다(Sadler, 1989). 넓은 정의는 학생의 인지적·정의적 측면에서의 전반적인 성장을 위해 교사와 학생이 상호 의사소통하는 모든 행위를 포괄한다. 이 책에서는 확대된 정의를 선호한다.

Evaluate 형성평가의 중요성

[교육부 고시 제2015-74호 (별책 2) 초등학교 교육과정]

수학과

: 수업 전개에 따라 진단평가, 형성평가, 총괄평가를 적절하게 실시하되 지속적인 평가를 통해 다양한 정보를 수집하고 수업에 활용한다.

국어과

: 교수·학습 과정 중에 적절한 형성평가를 활용한다. 수업시간 중 교사가 하는 질문에 대한 학습자의 응답, 학습자의 소집단 활동과 짝 활동을 통한 과업 수행 여부에 대한 관찰 등의 형성평가를 통해 교수·학습 방법이 적절한지 확인하고 교수·학습 방법 개선에 활용한다.

영어과

: (13) 학습목표에 따라 형성평가와 총괄평가를 적절하게 시행한다.

Evaluate 피드백(송환)의 중요성

[교육부 고시 제2015-74호 9 (별책 2) 초등학교 교육과정, 28쪽]

가. 평가는 학생의 교육목표 도달도를 확인하고 교수·학습의 질을 개선하는 데 주안점을 둔다.
  1) 학교는 학생에게 평가결과에 대한 적절한 정보 제공과 추후 지도를 통해 학생이 자신의 학습을 지속적으로 성찰하고 개선할 수 있도록 지도한다.
  2) 학생 평가결과를 활용하여 수업의 질을 지속적으로 개선한다.

[2015 개정교육과정 수학과 교수·학습 자료 초등학교 1~2학년, 15쪽]

나. 평가 방향 1) 평가 원칙 (마) 평가결과는 학생, 학부모, 교사 등에게 환류하여 학생의 수학 학습 개선을 도울 수 있게 한다.

교육평가 피드백은 형식적 피드백과 비형식적 피드백으로 구분할 수 있다(김성숙 외, 2015). 먼저 형식적 피드백은 점수, 석차, 성취수준(우수/보통/기초/기초미달) 등의 총합적 성과, 정·오답 판정, 정·오답에 대한 해설(모범답안과 해설), 교사의 의견기술(초등학교의 경우 학교생활기록부의 교과학습발달상황의 세부능력 및 특기사항란의 문장 기술 등), 계획된 교사 – 학생 간 질의응답 등이 해당된다. 반면 비형식적 피드백은 시간과 대상에 대한 계획 없이 즉각적으로 제공되는 수업 중 관찰과 질의응답 등을 의미한다.

성공적 피드백을 위한 요건을 자세히 살펴보면 다음과 같다(강대일·정창규, 2018; 김성숙 외, 2015).

첫째, 유동적 단계에서 제공되는 피드백: 교수·학습이 종료되기 전 아직 유동적인 단계에서 이루어져 학생이 피드백을 기반으로 성취기준 혹은 학습목표 달성을 위해 본인의 행동을 교정할 수 있는 기회가 제공되어야 한다.

둘째, 구체적이고 명확한 내용의 피드백: 피드백은 추상적일 때보다 구체적일 때, 암시적일 때보다 명확할 때 더 효과적임을 기억해야 한다. 또한 성취기준 혹은 학습목표와 연관하여 학생의 수행수준이 적절한지에 대한 정보와 학생의 강점 및 약점을 알려주고, 향후 학습계획에 대한 제안이나 정보가 함께 제공되어야 한다.

셋째, 즉각적 피드백: 피드백은 일반적으로 평가 후 4일 이상 지체되면 학습효과가 낮아진다. 또한 수업 중 과제수행에 대한 피드백은 즉각적일수록 효과적이다. 뿐만 아니라 피드백의 제공 시점은 학생이 평가 문항 또는 수행 과제에 대해 기억하고 있을 때 제공하는 것이 좋다(한국교육과정평가원, 2014a). 그러나 학습을 위해 고차원적(메타인지적) 사고가 필요한 경우나 학습자가 자기성찰이 가능할 정도로 성숙한 경우에는 지연적 피드백이 효과적일 수 있다는 것을 기억해야 한다.

넷째, 일회성이 아니라 지속적으로 제공되는 피드백이 중요하다. 프로젝트 수업처럼 교수·학습이 이루어지는 과정이 길 경우 지속적으로 피드백이 주어지는 것이 바람직하다. 또 새로운 단원의 초기 단계나 복잡하고 어려운 과제를 학습할 때, 교사 의존적이고 자신감이 낮은 학생일수록 빈번한 피드백이 필요하다.

다섯째, 글은 물론 표, 그래프, 그림을 이용한 친절한 피드백이 이루어져야 한다. 학생들과 학부모가 이해하기 쉽도록 여러 가지 형태로 학습자의 현재 수준과 향후 학습계획을 제공한다.

수업상황의 피드백을 구체적으로 보면 학생이 도달해야 할 목표와 현재 학생의 수행 수준 그리고 목표에 도달하기 위해 필요한 후속학습 제공으로 구성된다. 목표는 학생이 차시 학습을 통하여 도달해야 할 학습목표 혹은 영역 및 단원의 학습을 통하여 도달해야 할 성취기준을 의미한다. 당연히 목표는 실제 학습이 이루어지기 전에 미리 준비되어 있다. 이때의 현재 수행 수준은 학생이 도달해야 할 학습목표 혹은 성취기준에 얼마만큼 도달했는지를 의미한다. 성취기준의 도달 수준을 이해하려면 2015 개정교육과정의 성취기준별 평가기준을 참고하면 도움이 된다. 그리고 후속학습은 학생이 학습목표 혹은 성취기준에 도달하는 데 도움이 될 학습 방법 혹은 학생의 노력을 의미한다. 이상적으로 피드백에는 후속학습 활동이 포함되어야 하지만 현실적 제약이 있는 경우 후속학습 전략 처방으로 제한될 수도 있다. 후속학습 활동 포함의 예로 '문학 감동 표현하기' 수업의 피드백을 보자. 한 학생이 자료는 잘 정리했지만 친구들에게 실감나게 소개하지 못해 해당 수업의 목표에 완전히 도달하지 못했다. 이에 대한 피드백으로 교사는 인물의 특징을 생각하며 표정 및 억양 등을 흉내 내며 발표하도록 지도했다.

목표
(성취기준 or 학습목표) & 현재 수행 수준 + 후속 학습

▶ 피드백의 일반적인 구조

마지막으로 교실에서 사용 가능한 피드백의 유형을 살펴보면 다음과 같다(강대일·정창규, 2018).

첫째, 모범답안 또는 문제풀이 제시 유형은 채점기준과 학생의 답안과의 차이 혹은 모범답안을 알려주는 형태로 이루어진다.

둘째, 가정통지표 제공 유형은 성취기준을 분석하여 평가 요소별로 학생들의 강점, 약점을 기술하는 형태로 이루어지며 부작용이 없는 경우 등급화(우수, 보통, 노력요함) 보고 형태도 가능하다. 여기에서 가정통지표는 학교생활기록부와 별개의 자료라고 생각해야 한다.

셋째, 개별 면담 유형은 개개인 학습자별로 교사와 1:1로 피드백이 이루어지며, 개별 맞춤형 피드백이 가능하다. 특히 목표 도달 수준이 낮은 학생이나 특별한 관심이 필요한 학생의 경우에는 집단보다 개별적 면담 피드백이 유용하다. 그러나 교사의 많은 시간과 노력이 필요하는 것을 기억해야 한다.

넷째, 진술문 유형은 문장 진술 형태로 이루어지며, 학교생활기록부의 교과발달사항의 세부능력 및 특기사항의 문장 기술이 대표적이다. 학생의 성취기준에 따른 성취수준의 특성 및 학습활동 참여도(초등), 성취기준에 따른 성취수준의 특성, 실기능력, 교과적성, 학습활동 참여도 및 태도(중·고등학교 체육·예술 교과)를 고려하여 이루어진다.

수업계획-수업성찰-학습성찰의 구조를 디자인하라

교사의 전문성 향상을 위해 수업 및 평가개선 전략을 수립하는 일은 학교교육의 전반적인 질을 높이기 위한 핵심 중 하나다. 학교교육의 질은 학습자들의 다양한 특성에 반응하는 방식으로 수업을 통해 실행되어야 하며, 결국 학습의 수월성과 형평성을 높일 수 있는 양질의 교육과정 개발 및 적용이 그 질적 수준을 판가름하는 가늠자가 된다. 학교현장에서는 2015 개정교육과정에서 언급한 교과별 핵심개념과 기능을 중심으로 총론의 핵심역량 구현을 목표로 한다. 즉, 학생들이 교과의 핵심개념과 기능을 심층적으로 학습하여 개별 교과에서 추구하는 교과역량 도달을 통해 궁극적으로 총론에서 제시한 핵심역량 구현 방안을 모색하고 있다.

수업계획 – 백워드 설계모형

구체적으로 2015 개정교육과정에서는 지식보다 역량중심의 학습을 강조하기 위해 백워드 설계모형(backward design)을 새로운 교육과정 및 수업의 설계전략으로 제시하고 있다(조현영, 2017).

백워드 설계모형은 교육과정의 성취기준을 중심으로 학생들의 이해력 향상을 위해 학습경험 및 내용보다 평가증거의 설계를 내세우는 교육과정 개발모형이다(Wiggins&McTighe, 1998).

교육과정 성취기준	듣기 · 말하기 6국01–02 의견을 제시하고 함께 조정하며 토의한다.		
수업단계	교수 · 학습내용	핵심질문	비계설정
① 뉴스 쏙 기사읽기	❶ 어린이 신문에서 아이들 눈높이에 맞는 기사를 준비한다. ❷ 기사를 읽고 주요내용을 하이라이트하며 이해한다. ❸ 하이라이트 내용을 짝에게 소개하며 토의 주제를 생각해본다.	뉴스 쏙 기사의 내용을 읽고 주요내용을 찾아 하이라이트하며 최근의 이슈에 대한 자기 생각을 친구들과 함께 잘 이야기하는가?	뉴스 쏙 기사에 나오는 문장을 이해할 수 있도록 어휘 및 단어를 쉽게 설명해주고 친구들의 도움을 받을 수 있도록 한다.
② PSO 토의하기	❶ 기사를 다시 읽고 문제상황(Problem)을 찾아본다. ❷ 문제상황에 대한 해결 방안(Solving)을 제시하며 본다. ❸ 해결책을 서로 나누며 하나의 의견(Opinion)을 모아간다.	뉴스 쏙 기사에 대한 문제상황(P)–해결방안(S)–하나의 의견(O)을 친구들과 협력하여 찾아보고 토의활동을 통해 잘 정리하는가?	문제상황–해결방안 토의단계를 먼저 진행한 후 해결방안–하나의 의견으로 발전되어가도록 점진적인 토의과정을 거쳐 진행하도록 한다.

③ 해결책 나누기	❶ 모둠에서 결정한 하나의 의견(Opinion)을 다시 상기한다. ❷ 모둠에서 정리한 PSO 토의내용을 다른 친구에게 소개한다. ❸ 더 좋은 해결책(Solving)이 있는지 서로 이야기 나눈다.	다른 모둠의 PSO 토의활동 내용을 듣고 더 좋은 해결책(Solving)이 있는지 고민하여 보고 친구에게 소개를 잘 하는가?	모둠에서 먼저 하나의 의견을 모을 수 있도록 충분히 배려하되 부득이한 경우 다른 친구들과 해결책을 나누며 아이디어를 얻도록 한다.
④ 토의질문 만들기	❶ 다른 모둠 친구들의 의견을 모아 PSO 내용을 보완한다. ❷ PSO 내용에 대한 의미 있는 질문(Question)을 만든다. ❸ 지금까지 토의한 내용을 바탕으로 PSO–Q를 공책에 정리한다.	친구들에게 피드백 받은 해결책(Solving)을 서로 공유하고 의미 있는 질문 만들기 활동을 통해 스스로 답을 찾고 있는가?	스스로 예상하여 질문 만들기가 어려운 경우 다른 모둠 친구들 앞에서 발표하며 더 좋은 질문이 있을 수 있는지 점검하여 기록한다.

▶ 핵심질문과 비계설정을 담은 수업계획

즉, 성취기준의 달성을 위해 목표와 평가를 중시하는 교육과정 설계모형으로 수업 후 성취 내용을 확인하는 기존의 방식이 아닌 학습내용을 거꾸로(backward) 설계하는 교육과정의 개발모형을 말한다. 최근에는 2015 개정교육과정이 학교현장에 전면적으로 적용되어 성취기준 진술방식이 수행을 중심으로 개선되고 있으며, 이해 달성 여부를 판단하는 백워드 설계방식의 평가 변화에 관심이 증가하고 있다.

특히 백워드 설계방식은 수업과 평가에 교수적 비계설정(instructional scaffolding) 방식으로 피드백을 반영하고 있어 주목받고 있다. 먼저, 교실 수업계획에 핵심질문과 비계설정 계획을 담은 유형으로 수업지도를 어떻게 수행할지 각 활동별 계획을 수립하는 형태다. 이러한 접근은 교사의 수업계획이 각 활동단계별로 이루어진 다는 점에서 비계설정 계획을 수립해야 하는 교사의 관점에서 볼 때 수업과 평가를 통합적으로 연계하는 데 일조한다. 뿐만 아니라 교사가 중점적으로 기르고자 하는 핵심역량을 각 활동단계에 따라 자연스럽게 질문할 수 있어 교수적 비계설정의 효과를 얻을 수 있다. 즉, 수업에 관한 비계설정 계획을 수립해봄으로써 교육과정의 성취기준을 보다 유연하게 반영할 수 있으며, 이러한 설계방식은 수업계획을 보다 짜임새 있게 구성하는 데 도움이 된다.

수업성찰 – 교사중심

다음은 교사관점의 수업성찰 유형이다. 교사 스스로 수업을 진행하며 수업단계별 자기 피드백을 실천하는 형태다. 이러한 접근은 교사의 자기성찰이 수업 중에 실시간으로 이루어지므로 교육과정의 성취기준과 과정중심평가 설계를 수시로 점검할 수 있다는 점에서 의미가 있다. 특히 교사는 수업성찰을 통해 교육과정의 성취기준에서 도달하려는 지식과 기능을 섬세하게 점검할 수 있어 수업에 대한 교육과정 분석력을 성장시킬 수 있다. 또한 교사의 수업성찰은 결과보다 수업과정을 관찰한다는 측면에서 과정중심평가의 목적과 같은 맥락에 있다.

수업성찰(교사 관점)	문제상황에 대한 해결책을 토의하여 하나 된 의견으로 잘 제시하는가?		
① 뉴스 쏙 기사읽기	문화향유역량 상: 어린이 동아일보에 나오는 뉴스 쏙 기사의 내용을 하이라이트하며 내용을 파악하여 토의 주제를 상기하는 활동에 대부분의 친구들이 적극적으로 참여하였습니다.	② PSO 토의하기	공동체-대인관계역량 중: 문제상황(P)-해결방안(S)-의견 모으기(O) 토의활동에 대부분 잘 참여하였으나 친구의 생각을 경청하여 자신의 의견을 정리하는 훈련이 더 필요했습니다.
③ 해결책 나누기	비판적-창의적사고역량 상: PSO 토의활동의 내용을 상기하여 다른 모둠 친구에게 잘 소개하였고, 더불어 더 좋은 해결책이 없는지 상호보완하는 활동에 대부분의 친구들이 열심히 참여했습니다.	④ 토의질문 만들기	자료-정보활용역량 하: PSO 토의활동 및 친구의 해결책 경청하기 활동 후 의미 있는 질문 만들기 활동에 잘 참여하였으나 질문의 수준이 낮아 향후 보완이 필요했습니다.

▶ 교사중심 집단관점의 단계별 수업성찰

학습성찰 - 학생중심

마지막으로 학생중심 개별관점의 학습성찰 유형이다. 수업에 근거한 평가와 기록의 구체적 기술을 사례별로 구분하는 형태다. 이러한 접근은 학생 개별 피드백 활동이 각 수업단계에 따라 과정 중에 지속적으로 이루어졌는지 성찰할 수 있다는 점에서 평가활동을 보완하는 의미가 있다. 특별히 피드백이 적용되어야 할 학생에게 제대로 실행되었는지 학습성찰 관점에서 수업단계별로 각각의 사례를 기록하고 있다. 또한 평가활동과 피드백을 사례중심으로 기록한다는 점에서 수업과 평가의 통합적 연계를 보다 강화하는 데 도움이 된다. 구체적으로 위의 예시를 보면 학생에 대한 평가 후 개별 피드백에 머물지 않고 필요한 경우 집단 피드백이 이루어지고 있음을 볼 수 있다.

학습성찰(학생 관점)	수업에 근거한 평가–기록의 구체적 기술하기(사례 중심)	
① 뉴스 쏙 기사읽기 문화향유역량	혜윤이는 교과서에 있는 지문보다 어린이 동아일보에 나오는 뉴스 쏙 기사에 더 흥미를 갖고 수업에 잘 참여하였습니다. 피드백: 평소 도서관에서 어린이 동아일보를 꾸준히 읽은 혜윤이는 기사습득 능력이 빨라 다른 친구들을 더 적극적으로 도울 수 있도록 격려하였습니다.	
② PSO 토의하기 공동체–대인관계역량	범준이는 평소에도 경청의 자세가 많이 부족한 편입니다. 그럼에도 기사에 대한 의견나누기에는 잘 참여하려고 노력하였습니다. 피드백: 토의활동의 가장 기본자세가 경청임을 활동 전에 안내하였습니다. 특히 범준이에게는 직접 찾아가 친구와 의견나누기 활동을 잘 할 수 있도록 도와주었습니다.	

③ 해결책 나누기 비판적–창의적사고역량	기휘는 칠판에 글쓰기를 좋아하는 친구입니다. PSO 토의활동 후 해결책을 칠판에 쓰면서 열심히 활동하였습니다. **피드백**: 토의를 하면서 공책 또는 칠판에 정리를 잘하는 기휘에게 주변의 글쓰기 자체를 어려워하는 친구들을 도와 상호협력 할 수 있도록 격려하였습니다.	
④ 토의질문 만들기 자료–정보활용역량	민성이는 토의질문 만들기 전 PSO 토의활동을 상기하는 것부터 어려워하였습니다. **피드백**: 의미 있는 질문이 만들어지려면 그 전 단계의 내용숙지가 반드시 필요합니다. 그래서 민성이처럼 어려움을 겪는 친구들을 모아 다시 한번 PSO 토의활동에 대해 지도하였습니다.	

▶ 학생중심 개별관점의 사례별 학습성찰

최고의 과정중심평가는
교육과정 – 수업 – 평가를 연계하려는
교사의 섬세한 관심에서 시작됩니다!

2부

교육과정 문해력은
평가의 핵심이다

평가는 어떤 대상의 가치나 질을 판단하는 행위입니다. 이때 참조해야 할 근거가 바로 교육과정 성취기준입니다. 교육과정 성취기준은 교사가 가르쳐야 할 분명한 방향을 제시해줄 뿐만 아니라 교사에게 주어진 지도서와 교과서를 참고하여 수업을 구성하거나 재구성하는 폭을 결정하는 명확한 기준이 됩니다.

교육과정 문해력과 성취기준, 그것이 알고 싶다

성취기준을 왜 알아야 할까? 성취기준에 대한 이해가 필요한 첫 번째 이유는 학교 평가의 주목적이 학생의 교육목표 도달도 확인에 있기 때문이다. 두 번째 이유는 성취기준이 수업과 평가를 잇는 연결고리 역할을 한다는 데 있다.

Evaluate 평가의 주안점

[교육부 고시 제2015-74호 초등학교 교육과정, 28쪽]

> 평가는 학생의 교육목표 도달도를 확인하고 교수·학습의 질을 개선하는 데 주안점을 둔다.
> ⇨ '학생의 교육목표'는 수업을 통해 학생이 도달해야 할 목표가 있음을 보여준다. 차시별 수업으로 제한하면 '교육목표'를 학습목표로 해석할 수도 있으나 궁극적으로 '교육목표'는 성취기준을 의미한다.

Evaluate **교수 · 학습과 평가의 일관성**

[교육부 고시 제2015–74호 초등학교 교육과정, 28쪽]

> 학교와 교사는 성취기준에 근거하여 학교에서 중요하게 지도한 내용과 기능을 평가하며 교수 · 학습과 평가활동이 일관성 있게 이루어지도록 한다.
>
> ⇨ 위 진술은 수업이 성취기준에 근거하여 계획되고 이루어져야 함을 보여준다. 수업과 평가가 분리되지 않기 위해서는 평가 또한 성취기준에 근거하여 개발되고 실시되어야 하며, 그 결과 성취기준은 수업과 평가를 위한 근거가 된다. 성취기준이 수업과 평가를 연결시키는 고리 역할을 하는 것이다.

다음 그림은 성취기준에 근거한 수업과 평가의 관계를 보여주는데, 학생 평가 결과가 성공적이라는 것은 학생들이 성취기준에 도달했음을 나타내고, 이는 수업의 목표가 달성되었음을 의미한다. 같은 이유로 평가결과가 비성공적이라는 것은 성취기준에 도달하지 못했음을 나타내고, 이는 수업의 목표가 달성되지 못했음을 의미한다. 따라서 수업목표는 학생의 성취기준 도달에 대한 기준이 된다.

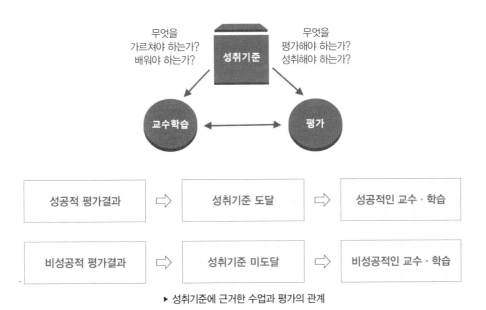

▶ 성취기준에 근거한 수업과 평가의 관계

성취기준이란 무엇인지 구체적으로 알아보자. 성취기준이 수업을 통해 학생들이 달성하기를 기대하는 내용과 능력이라는 것을 정의한 진술문은 다음과 같다.

Evaluate **과학과 교육과정 성취기준**

[교육부(2015d), 2015 과학과 교육과정 일러두기]

> 학생들이 교과를 통해 배워야 할 내용과 이를 통해 수업 후 할 수 있거나 할 수 있기를 기대하는 능력을 결합하여 나타낸 수업활동의 기준
> ⇨ 위 진술은 성취기준이 수업활동의 기준이고, 따라서 수업 설계와 활동은 성취기준에 근거하여 이루어져야 함을 보여준다.

Evaluate **교육과정 성취기준의 의미**

[한국교육과정평가원 보고서(RRE 2001-4-4)]

> 교육과정상의 내용을 어느 정도의 범위와 깊이로 다루어야 할지를 분명히 하고, 거기에 포함된 의미를 학생들이 달성해야 할 능력과 특성의 형태로 진술하여 교사와 학생들에게 그들이 무엇을 가르치고 무엇을 배워야 하는지를 명료하게 제시한 것
> ⇨ 위 진술도 마찬가지로 성취기준이 교사의 수업활동에 대한 지침이 된다는 것을 보여준다.

성취기준은 교과 목표를 구체화시킨 실제 수업을 위한 목표다. 학년별 교과 목표를 실제 단원별 수업에서 구현하려면 보다 자세한 목표가 필요하기 때문이다. 교과 목표는 상위 단계의 목표로, 성취기준은 중간 단계 목표로, 차시 학습목표는 하위 단계 목표로 구조화시킬 수 있다. 이때 성취기준은 여러 단원에 연계될 수 있다. 예를 들어 2017 초등학교 2-1 국어과 지도서에 따르면 읽기 영역, 2국02-05 성취기준 '읽기에 흥미를 가지고 즐겨 읽는 태도를 지닌다'는 1~2단원의 단원 성취기준으로 제시되어 있다.

그럼 학습목표란 무엇이고 성취기준과는 어떤 관계가 있을까? 성취기준과 유사하게 학습목표를 정의하면 '학생들이 차시 수업 후 할 수 있거나 할 수 있기를 기대하는 능력을 결합하여 나타낸 수업활동의 기준'이다. 2015 초등학교 교육과정 348쪽 미술과 교수·학습 방향을 보면 '학습목표는 교육과정의 내용 체계와 성취기준, 학습자의 성취 수준 등을 종합적으로 고려하여 설정한다'는 내용이 나오는데, 성취기준을 고려하여 학습목표를 설정해야 한다는 것을 보여준다. 또 '학습 내용은 체험, 표현, 감상의 각 영역별 특성을 살려 학습목표에 적합하게 선정하되'는 학습목표를 설정한 후 이에 적합한 학습 내용을 선정해야 한다는 것을 말한다.

구체적으로 성취기준을 고려한 차시별 학습목표의 예를 살펴보면 다음과 같다. 교육부(2018) 초등 4학년 1학기 과학과 교사용지도서에 따르면 3단원 '식물의 한살이'는 3개의 성취기준과 12차시 수업 그리고 총 16개의 차시 학습목표가 제시되어 있다. 교과서 개발자들은 3개의 성취기준을 분석하고 → 학습요소를 추출하여 → 학습단계를 설정하고 → 수업차시를 계획했다. 최종 결과물이 지도서에 제시된 12차시 내용이다. 교육과정을 재구성하고자 하는 교사 역시 성취기준 분석부터 시작해야 한다.

다음 표를 보면 성취기준과 차시 학습목표의 관계가 잘 정리되어 있다. 먼저 성취기준 [4과13-02]와 연관된 수업은 2차시와 3차시에 이루어지고, [4과13-01]과 연관된 수업은 4~8차시에 걸쳐 이루어지며, [4과13-03]과 연관된 수업은 9~11차시에 걸쳐 이루어진다.

만약 학생이 단원말 정리평가에서 씨가 싹트거나 자라는 데 물이 필요하다는 사실을 말할 수는 있지만 물 외의 다른 필요한 조건을 찾아 설명하는 데 실패했다면 이는 [4과13-01] '씨가 싹트거나 자라는 데 필요한 조건을 설명할 수 있다' 성취기준의 도달 정도가 '하'라고 판단할 수 있다. 이런 내용은 지도서 138쪽 성취기준별 평가기준을 참조하면 쉽게 확인할 수 있다. 후속학습을 위해 4~8차시 학습내용의 재학습이 필요하며 4차시와 6차시 내용의 재학습이 먼저 실시되어야 한다.

Evaluate **성취기준과 차시 학습목표의 관계**

[초등 과학 4-1 교사용지도서, 134~136쪽 내용을 기초로 수정함]

차시	차시명	차시별 학습목표	연계단원 성취기준
1	씨에서 자라게 될 식물 상상하기	씨에서 자라게 될 식물을 상상하여 그려 보며 식물의 성장에 신비로움을 느낄 수 있다.	
2	여러 가지 씨를 관찰해볼까요?	여러 가지 씨를 다양한 방법으로 관찰할 수 있다.	[4과13-02] 식물의 한살이 관찰 계획을 세워 식물을 기르면서 한살이를 관찰할 수 있다.
3	식물을 기르면서 한살이를 알아보려면 어떻게 해야 할까요?	식물의 한살이 관찰 계획을 세울 수 있다.	
4	씨가 싹 트는 데 어떤 조건이 필요할까요?	씨가 싹 트는 데 필요한 조건을 알아보는 실험 결과를 예상할 수 있다. / 계획한 방법에 따라 실험을 하고 씨가 싹 트는 조건을 설명할 수 있다.	[4과13-01] 씨가 싹 트거나 자라는 데 필요한 조건을 설명할 수 있다.
5	씨가 싹 트는 과정은 어떠한가요?	씨가 싹 트는 과정에서 생명의 신비를 느낄 수 있다. / 씨가 싹 트는 과정을 관찰할 수 있다.	
6	식물이 자라는 데 어떤 조건이 필요할까요?	식물이 자라는 데 필요한 조건을 알아보는 실험 결과를 예상할 수 있다. / 계획한 방법에 따라 실험을 하고 식물이 자라는 데 필요한 조건을 설명할 수 있다	

차시	차시명	차시별 학습목표	연계단원 성취기준
7	잎과 줄기는 자라면서 어떻게 변할까요?	강낭콩이 자라는 동안에 일어나는 과정을 관찰할 수 있다.	[4과13-01] 씨가 싹 트거나 자라는 데 필요한 조건을 설 명할 수 있다.
8	꽃과 열매를 관찰해볼까요?	생명의 연속성을 이해하고 식물을 소중히 여기는 태도를 가진다. / 꽃과 열매가 생기는 과정을 관찰하여 설명할 수 있다.	
9	여러 가지 식물의 한살이는 어떻게 다를까요?	한해살이 식물과 여러해살이 식물의 한살이를 조사하고 공통점과 차이점을 설명할 수 있다.	[4과13-03] 여러 가지 식물의 한살 이 과정을 조사하 여 식물에 따라 한 살이의 유형이 다 양함을 설명할 수 있다.
10 -11	한눈에 볼 수 있는 식물의 한살이 자료 만들기	한살이 관찰을 통하여 생명의 연속성을 이 해하고 생명을 소중히 여기는 태도를 가진 다. / 자신이 기르거나 조사한 식물의 한살 이를 효과적으로 표현할 수 있다.	
11	식물의 한살이를 정리해볼까요?	식물의 한살이에 대한 개념을 정리할 수 있다.	

성취기준과 평가기준의 관계가 핵심이다

2015 개정교육과정에서는 이전 교육과정에서 사용된 상중하 3단계의 성취수준을 '평가기준'이라는 용어로 바꾸어 사용하고 있다. 2015 개정 교과교육과정에 따른 평가기준 – 중학교 수학(한국교육과정평가원, 2016a)을 보면 7~13쪽에 교육과정 성취기준, 평가준거 성취기준, 평가기준, 성취수준이라는 용어를 구분해 소개하면서 각각의 의미와 활용 방안을 제시한다. 정리해보면 성취기준은 수업활동의 명확한 기준이 되며, 필요에 따라 평가준거 성취기준을 활용할 수 있다.

[Evaluate] 교육과정 성취기준

⇨ 교과를 통해 학생들이 배워야 할 지식과 기능, 수업 후 학생들이 할 수 있어야 할, 또는 할 수 있기를 기대하는 능력을 나타내는 결과 중심의 도달점, 교과의 내용(지식)을 적용하고 문제해결을 하는 수행 능력
⇨ 학생들이 교과를 통해 배워야 할 내용과 이를 통해 수업 후 할 수 있거나 할 수 있기를 기대하는 능력을 결합하여 나타낸 수업활동의 기준

⇨ 평가활동에서 판단의 기준이 될 수 있도록 교육과정 성취기준을 재구성한 것
⇨ '학생들이 학습을 통해 성취해야 할 지식, 기능, 태도의 능력과 특성을 진술한 것'으로서 평가활동의 근거로 활용될 수 있음
⇨ 학교에서의 구체적인 평가상황을 고려하여 학생 입장에서는 무엇을 공부하고 성취해야 하는지, 교사 입장에서는 무엇을 가르치고 평가해야 하는지에 대해 보다 구체적인 안내를 제공하기 위해 필요한 경우에 한하여 교육과정 성취기준을 재구성하여 제시함

해당 참고문헌 9쪽에는 다음과 같은 진술이 있는데, 수업계획 혹은 교육과정 재구성을 위한 성취기준 활용을 돕기 위해 그리고 평가의 준거로 활용하기 위해 평가준거 성취기준이 개발되었음을 보여준다. 평가준거 성취기준은 평가를 위한 보다 구체적인 안내를 제공하기 위해 성취기준을 재구성한 것으로 볼 수 있다(한국교육과정평가원, 2018a).

평가준거 성취기준은 교과 교육과정 성취기준을 보다 명료하게 이해하는 데 활용할 수 있다. 교과 교육과정 성취기준 중에는 매우 압축적으로 제시되어 있거나 하나의 성취기준 안에 복수의 학습 내용이나 기대 수행능력이 들어 있는 경우가 있다. 이러한 성취기준을 활용하여 수업의 전개 방향을 설정하거나 내용을 구성할 때 다소의 어려움이 있을 수 있기 때문에, 이 경우 교육과정 성취기준을 좀 더 세분화하거나 명료화한 평가준거 성취기준을 함께 활용하는 것이 필요하다. (중략) 또한, 평가준거 성취기준은 학교 현장에서 학생들의 학업성취도를 확인하기 위한 다양한 평가를 실시할 때 구체적인 평가의 준거로 활용할 수 있다.

해당 참고문헌 8~9쪽을 보면 성취기준과 평가준거 성취기준의 활용방안이 제시되어 있다. 수업의 목적으로 성취기준의 활용을 제안하고 있으며(첫째, 교과 수업의 방향 설정, 수업계획 및 전개에 활용, 둘째, 교과 내용 재구성, 교과 간 연계·융합 수업계획 및 전개에

활용), 평가의 목적으로 평가준거 성취기준의 활용을 제안하고 있다(셋째, 구체적인 평가의 준거로 활용).

다음은 해당 참고문헌 23쪽에 제시된 성취기준 & 평가기준 그리고 성취기준, 평가준거 성취기준, 평가기준의 예다.

Evaluate 성취기준, 평가준거 성취기준, 평가기준

교육과정 성취기준			평가기준
[9수02-09] 부등식과 그 해의 의미를 알고, 부등식의 성질을 이해한다.		상	부등식과 그 해의 의미를 알고, 부등식의 양변에 같은 음수를 곱하거나 나눌 때 부등호의 방향이 바뀌는 성질을 이해할 수 있다.
		중	부등식과 그 해의 의미를 알고, 부등식의 양변에 같은 수를 더하거나 뺄 때와 양변에 같은 양수를 곱하거나 나눌 때 부등호의 방향이 바뀌지 않는 성질을 이해할 수 있다.
		하	부등식의 의미를 알고, 특정한 수가 주어진 부등식의 해인지 판단할 수 있다.
[9수02-10]	[평가준거 성취기준 ①] 일차부등식을 풀 수 있다.	상	계수와 상수가 유리수 범위인 일차부등식을 풀 수 있다.
		중	계수와 상수가 정수 범위인 일차부등식을 풀 수 있다.
		하	양변을 음수를 곱하거나 나누는 경우를 제외한 부등식의 성질을 이용하여 간단한 일차부등식을 풀 수 있다.
	[평가준거 성취기준 ②] 일차부등식을 활용하여 문제를 해결할 수 있다.	상	일차부등식을 활용하여 다양한 문제를 해결할 수 있다.
		중	일차부등식을 활용하여 간단한 문제를 해결할 수 있다.
		하	문제의 뜻에 맞는 간단한 일차부등식을 세울 수 있다.

성취기준에 따라 평가준거 성취기준이 개발될 수도 있고 그렇지 않을 수도 있다. 성취기준만 제시된 경우라면 성취기준이 수업과 평가라는 두 목적 모두를 위해 사용될 수 있다.

Evaluate **평가기준**

⇨ 교육과정 성취기준에 도달한 정도를 상중하로 나누어 진술한 것
⇨ 평가활동에서 학생들이 어느 정도의 수준에 도달했는지를 판단하기 위한 실질적인 기준 역할을 할 수 있도록 각 성취기준에 도달한 정도를 상중하로 구분하고 각 도달 정도에 속한 학생들이 무엇을 알고 있고, 할 수 있는지를 기술한 것

평가기준의 활용 방안은 3가지가 제시되어 있다.

첫째, 성취기준에 대한 학생의 도달 정도 판단에 활용

둘째, 교수·학습 관련정보 제공 및 학생 수준을 고려한 수업 설계에 활용

셋째, 평가 문항제작 및 채점기준 설정의 근거로 활용

평가기준은 성취기준의 도달 정도를 양적인 수준이 아니라 질적인 수준으로 구분하여 제시하는데, 이는 평가 후 후속학습을 위한 귀중한 정보가 된다. 상중하 수준은 지식의 깊이나 수행의 복잡성 등에 차이를 두어 진술되어 있는데, 교사의 수준별 교수·학습 진행을 위한 중요한 참고자료가 된다. 또 평가기준은 교사들이 평가문항을 만들고 그에 따른 채점기준을 수립하는 근거로 활용될 수도 있다. '성취기준 도달 정도'를 2009 개정교육과정에서는 '성취수준'으로, 2015 개정교육과정에서는 '평가기준'으로 명명한다. 각 성취기준별로 혹은 평가준거 성취기준별로 평가기준이 존재한다.

Evaluate **단원 · 영역별 성취수준**

> ⇨ 각 단원 또는 영역에 해당하는 교수 · 학습이 끝났을 때 학생이 성취하기를 기대하는 지식, 기능, 태도에 도달한 정도를 기술한 것(A/B/C/D/E 또는 A/B/C)
> ⇨ 단원 또는 영역 내 성취기준들을 포괄하는 전반적인 특성에 도달한 정도를 성취수준별로 구분해 진술한 것

단원 · 영역별 성취수준의 활용 방안은 3가지가 제시되어 있다.

첫째, 단원 · 영역별 교수 · 학습 설계 및 개선에 활용

둘째, 단원 · 영역 단위에서의 평가준거로 활용

셋째, 학생 및 학부모와의 의사소통에의 활용

개별 수업 단위별 평가는 성취기준을 참고하지만 일정 기간의 학습 내용을 종합적으로 평가하고자 할 때는 단원 · 영역별 성취수준을 참고한다. 그리고 단원 · 영역별 성취수준은 학생의 단원 · 영역의 성취정도를 판단하는 근거 자료 역할에 더하여 개별 학생 및 학부모에게 구체적이면서도 일관성 있게 단원 · 영역의 평가 결과를 안내하기 위한 참고자료로 활용될 수도 있다. 초등에서는 학년군별로 단원 · 영역별 성취수준이 개발되어 있어, 중등에 비해 초등에서의 활용 빈도는 떨어질 것으로 예상된다.

교사가 과정중심평가를 위해 가장 먼저 생각해야 하는 것은 성취기준이다. 과정중심평가의 첫 단계는 성취기준의 이해이며, 특히 교육과정 재구성에서 성취기준 간의 연계성은 타당성 확보를 위해 중요하다(한국교육과정평가원, 2018a). 그리고 성취기준은 임의로 바꿀 수 없다. 성취기준을 통합하거나 재구조화하는 경우 성취기준의 내용 요소 일부가 임의로 삭제되지 않도록 유의해야 한다(한국교육과정평가원,

2018a). 이에 반해 평가기준은 단위 학교에서 반드시 그대로 따라야 하는 것이 아니다. 교사에 따라 수정·보완하여 사용할 수 있다(최무연, 2018).

Evaluate 중학교 1학년 함수 영역 성취수준

[교육부(2018), 수학 중학교 평가기준 2015 개정교육과정, 34쪽]

성취수준	설명
A	순서쌍과 좌표, 그래프, 정비례, 반비례 등에 대한 개념을 이해하여 다양한 상황을 그래프로 나타내고, 그래프를 해석하는 문제를 능숙하게 해결할 수 있으며, 실생활에서 정비례, 반비례 관계인 예를 찾아 그 관계를 표, 식, 그래프로 나타낼 수 있다.
B	순서쌍과 좌표, 그래프, 정비례, 반비례 등에 대한 개념을 이해하여 다양한 상황을 그래프로 나타내고, 그래프를 해석하는 문제를 해결할 수 있으며, 실생활에서 정비례, 반비례 관계인 예를 찾을 수 있다.
C	순서쌍과 좌표, 그래프, 정비례, 반비례 등에 대한 개념을 이해하여 표를 그래프로 나타내고, 그래프를 해석하는 문제를 해결할 수 있으며, 정비례, 반비례 관계를 표, 식, 그래프로 나타낼 수 있다.
D	간단한 그래프를 해석하며, 순서쌍과 좌표, 그래프, 정비례, 반비례 등에 대한 문제를 기능적으로 해결할 수 있다.
E	순서쌍과 좌표, 그래프, 정비례, 반비례 등에 대한 간단한 문제를 해결하려고 노력한다.

교과별 수행평가의 성취기준에 주목하라

교육평가에서 성취기준은 학교에서 시행하는 평가의 계획 및 평가도구 개발을 위한 기초자료 역할을 한다. 교사는 학생평가를 시행하기 위해 가장 먼저 교육과정에 제시된 모든 성취기준을 검토한다. 검토하고 반드시 평가해야 한다고 생각하는 핵심 성취기준을 추출한다. 추출된 성취기준의 특성을 고려하여, 수업을 통해 학생들이 해당 성취기준에 도달했는지 확인하기 위한 목적에 지필평가가 적합하다면 지필평가를 개발하고, 동일 목적에 수행평가가 적합하다면 수행평가를 개발한다.

Evaluate 성취기준을 고려하여 평가방법 선정하기

교육과정 내용	성취기준
국1635. 견문과 감상이 잘 드러나게 글을 쓴다.	국1635-1. 기행문의 특성을 설명할 수 있다.
	국1635-2. 견문, 감상을 중심으로 내용을 정리할 수 있다.
	국1635-3. 읽는 이를 고려하여 견문, 감상이 잘 드러나게 기행문을 쓸 수 있다.

성취기준 국1635-1은 Anderson의 신교육목표분류 체계의 개념 이해와 '설명하기' 기능('이해' 수준 해당)으로 구성되고, 국1635-2는 절차적 지식과 '정리하여 쓰기' 기능('적용' 수준 해당)으로 구성되어 있다. 참고로 Anderson 등(2001)은 지식 영역을 부분 지식, 개념 이해, 절차적 지식, 메타분석적 지식으로, 인지적 기능을 기억, 이해, 적용, 분석, 평가, 창조로 구분했다(성태제, 2019, 57쪽 재인용).

두 성취기준에서 요구하는 인지적 기능은 지필로도 구현할 수 있다. 따라서 서술형과 논술형 평가를 포함한 지필평가를 통해 두 성취기준의 성취수준을 평가할 수 있다. 이에 반해 성취기준 국1635-3은 절차적 지식과 '기행문 쓰기' 기능('창조' 수준 해당)으로 구성되어 있고, '기행문 쓰기' 기능은 산출물을 생산하는 수행활동을 요구한다. 국1635-3에 요구하는 높은 위계의 인지 기능을 구현하고 수행활동을 끌어내기 위해서는 수행평가 방법이 더 적합하다.

특히 성취기준의 행동요소인 동사를 분석하면 평가방법을 선정하기가 쉽다. '조사한다, 표현한다' 처럼 학생의 실제 수행활동이 중심이 되면 수행평가가 선택되고, '설명한다, 이해한다' 처럼 비수행형 인지 기능이 중심이 되면 지필평가가 선택되는 게 일반적이다.

대부분 학교의 평가계획서를 보면 교과별 지필평가와 수행평가 반영 비율, 횟수·영역 등이 지정되어 있다. 이 경우 출제계획을 위해 성취기준을 추출하고, 추출된 성취기준이 지필평가와 수행평가 중 어떤 방식과 부합되는지 결정하면 최종적으로 사전 평가계획에 지정된 비율과 맞지 않는 경우가 발생할 수 있다. 따라서 성취기준을 추출하는 과정에서 지필평가와 수행평가의 비율을 고려하면서 진행하는 것이 절충안이 될 것이다.

성취기준은 학기 초에 수립하여 제출하는 수행평가 출제계획과 시험출제를 위해 개발하는 이원목적분류표의 주요 요소가 된다. 많은 학교에서 학기마다 수행평가계획을 수립한다. 이를 위해 교육과정을 분석하고, 성취기준에 적합한 평가 유형을 선정하고, 학급평가계획을 수립하는 과정을 거친다. 다음은 초등학교 5학년 국어교과 수행평가계획의 일부다. 영역의 성취기준 중 지식과 기능이 통합적으로 수행 능력을 요구하거나 비인지적 영역의 성취를 요구하는 성취기준을 추출한다. 그리고 해당 수행 능력이나 비인지적 영역의 평가에 부합되는 수행평가방법을 사용하여 평가한다.

Evaluate **초등학교 5학년 국어교과 수행평가계획**

[김혜경 외(2016), 306쪽 내용의 일부]

영역	성취기준	평가내용	평가방법	평가시기
듣기 · 말하기	면담의 방법을 알고 효과적으로 면담한다.	부모님을 면담하고 면담한 내용을 정리하여 발표하기	보고서, 구술, 관찰, 동료평가	5월
	매체를 활용하여 효과적으로 발표한다.			
문학	작품 속 인물, 사건, 배경의 관계를 파악한다.	소설 임꺽정을 읽고, 인물, 사건, 배경의 관계를 파악하고 독서 감상문 쓰기	관찰, 보고서	10월
	자신의 성장과 삶에 영향을 미치는 작품을 즐겨 읽는 태도를 지닌다.			

나이스(NEIS)에서 제공하는 이원목적분류표 양식의 '성적 – 지필평가 – 이원목적분류표'를 보면 학년도, 학기, 과정, 고사, 계열/학년/학과, 과목을 입력하고, 과목점수를 입력하고, 선택형과 서술형으로 구분하여 문항 정보를 입력하도록 구성

되어 있다. 전통적 이원목적분류표의 내용소에 해당되는 항목이 내용 영역과 성취 기준이다. 다음은 나이스(NEIS) 이원목적분류표 예시 양식이다.

Evaluate 나이스(NEIS) 이원목적분류표

[한국교육과정평가원(2016b), 학생의 성취도 파악을 위한 평가결과 분석 이렇게 하세요 – 개정판 –]

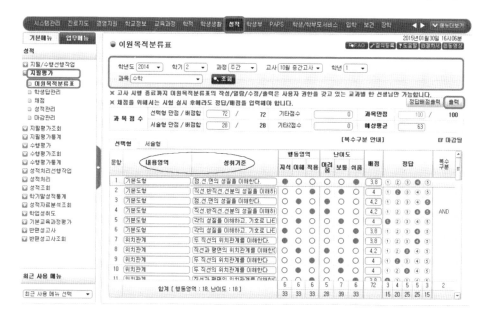

타원으로 표시된 부분을 보면 내용 영역과 성취기준이 표시되어 있다. 이원목적분류표를 약식으로 '이원분류표'라고 부르기도 하므로 이 책에서는 두 용어를 혼용했다.

다음은 2018학년도 학교생활기록부 기재요령에 제시된 수학교과의 예다. 2015 개정교육과정 수학과 "[6수02-06] 각기둥과 각뿔을 알고, 구성요소와 성질을 이해한다"와 "[6수04-04] 비례식을 알고, 그 성질을 이해하며, 이를 활용하여 간단한 비례식을 풀 수 있다" 성취기준이 바탕이 된 내용이라는 것을 쉽게 알 수 있다.

성취기준은 학생의 교과학습발달상황을 판단하고 기록하기 위한 준거의 역할을 한다. 2018년도 교육부 학교생활기록 작성 및 관리지침 제15조 교과학습발달상황 ②항에 따르면 "초등학교의 교과학습발달상황은 각 교과별 성취기준에 따른 성취수준의 특성 및 학습활동 참여도 등을 '세부능력 및 특기사항' 란에 교과별 문장으로 입력하되"로 기술되어 있다.

Evaluate 초등학교 5학년 수학교과 수행평가계획

[교육부(2018), 2018학년도 학교생활기록부 기재요령 – 초등학교, 102쪽]

> 도형 영역에서 각기둥, 각뿔의 뜻을 알고 그림과 이름을 연결시킬 수 있으나 각 명칭과 특징을 자신의 언어로 설명하는 것을 어려워했음. 하지만 모둠원들과 '도시 건축가 되기' 활동을 하면서 도형의 명칭과 특징을 실생활 문제에 활용할 수 있게 됨. 비와 비율 단원에서 정비례와 반비례의 정확한 의미를 이해하지 못한 채 x와 y로 표현된 식의 답을 기계적으로 구하는 모습을 보였으나 '우리 마을 문제 해결하기' 이야기를 읽고 정비례와 반비례 관계를 직관적으로 파악하여 이를 정확한 식으로 표현하는 발전을 보임.

성취기준은 피드백을 위한 주요 기초가 된다. 수업과 연계하여 피드백을 정의한다면 평가결과를 토대로 학생의 학습 취약점을 교정하기 위해 학생에게 제공되는 정보(석차, 점수, 성취기준별 도달도, 문항 정·오답 여부 등)와 수업 개선을 위해 교사에게 제공되는 정보(문항 난이도, 학급의 성취기준 도달률 등)라고 할 수 있다.

수업 장면에서 교사의 교수와 학생의 학습을 성공적으로 지원하기 위한 피드백은 학습목표와 연관하여 학생 수행 수준의 적절성과 후속학습(안내)을 제공해야 한다. 앞에서 피드백의 구성요소로 목표 & 수행 수준 + 후속학습을 제시했었다. 그리고 수업의 차시 학습목표는 성취기준과 관련되어 있다. 따라서 수업 중 학습목표 도달을 돕는 피드백은 궁극적으로 성취기준 도달에 도움이 된다.

다음은 2015 개정교육과정의 '사회 6-1, 3단원 우리나라의 경제발전 − 나라와 나라 사이의 경제 교류를 하는 까닭 알아보기 15/22차시' 수업에 관한 약식 교수·학습 과정안이다. 차시 수업의 재구성 학습목표는 "무역의 뜻을 알고 경제 교류가 이루어지는 까닭을 알 수 있다"이며 연관 성취기준은 "6사06-06 다양한 경제 교류 사례를 통해 우리나라 경제가 다른 나라와 상호 의존 및 경쟁 관계에 있음을 파악한다"이다. 교육과정에 제시된 '경제 교류, 무역, 상호 의존, 상호 경쟁' 학습요소를 통해 성취기준과 학습목표가 연관되어 있음을 짐작할 수 있다.

활동 3에 포함되어 과정중심평가를 실시하고 학생들의 응답에 기초하여 학습목표에 도달하지 못한 경우를 찾고 해당 학생들이 학습목표에 도달하기 위해 필요한 개별 맞춤형 피드백을 제공한다.

피드백은 전체 학생을 대상으로 제공할 수도 있다. 과정중심평가 결과 상당수의 학생들이 무역을 '상호 의존과 경쟁'으로 파악하지 못하고 우리나라의 재화나 서비스를 외국에 파는 수출의 개념으로만 이해하고 있는 경우가 많았다고 가정하자. 이에 대한 피드백을 위해 오늘 수업의 학습목표를 재확인하고, 무역이란 나라와 나라 간에 재화나 서비스를 사고파는 활동으로 수출과 수입을 모두 포함하는 개념임을 전체 학급을 대상으로 보다 친숙한 사례를(자동차는 수출하지만 원유는 수입함 등) 통해 다시 한번 설명해줄 수 있다. 이처럼 수업 중의 피드백은 학생들의 수업에서 보이는 모든 부족한 점이 아니라 차시 수업의 학습목표에 도달하는 데 부족한 점을 중심으로 도와주게 되며, 궁극적으로는 연관 성취기준 도달에 도움이 된다.

수업의 목표인 학습목표의 주요 학습요소인 '무역의 뜻'과 '무역의 이유'가 그대로 평가 요소가 된다. 교사는 실제 과정중심평가 결과를 바탕으로 학생들이 학습목표에 도달할 수 있도록 도움을 주는 후속학습 활동을 제공했고, 이는 과정중심평가와 피드백의 실천 모습이다.

[Evaluate] 과정중심평가와 피드백을 포함한 지도안

과목	학년-학기	단원	차시	교과서
사회	6-1	3. 우리나라의 경제 발전 – 3. 세계 속의 우리나라 경제	15/22	197 ~200쪽

학습 목표	무역의 뜻을 알고 경제 교류가 이루어지는 까닭을 알 수 있다.

학습 단계	내용	형태
동기 유발	**교과서 그림 탐색** – 그림을 보고 배울 내용을 추측한다. – 그림을 보고 외국산 물건에 대해 이야기를 나눈다.	전체
활동1	**사전조사 공유** – 각 모둠별로 조사한 나라의 자료를 공유한다. – 자기 나라에서 주력으로 내세울 산업, 품목 등을 정한다.	모둠
활동2	**(무역)협상하기** – 각 모둠에 한국 대사를 파견한다. – 한국 대사와 각 나라 대사들은 회의를 통해 사고팔 품목을 정한다. – 모둠 활동지(4절지)에 사고팔 품목을 적는다. – 무역의 뜻을 설명한다.	모둠
활동3	**협상결과 발표하기** – 한국 대사와 각 나라 대사가 대표로 무역협상 내용을 발표한다. – 무역이 이루어지는 까닭을 인식시킨다. **과정중심평가** – 협상결과에 대한 발표를 들으며 개별 무역활동지를 완성한다. – 교사는 관찰을 통해 무역활동지를 완성하지 못하는 학생을 파악한다.	전체 개인
피드백 & 차시 예고	**피드백** – 과정중심평가결과에 근거하여 학습목표 중심의 피드백 실시 **차시예고** – 다른 나라와의 경제 교류가 우리 경제생활에 미친 영향 알아보기	전체 개인

평가기준, 성취기준의 중심에는 참조근거가 있다

　평가는 어떤 대상의 가치나 질을 판단하는 행위다. 이때의 판단은 판단자가 주관적, 임의적으로 내리는 것이 아니라 뭔가를 참조하게 된다. 이처럼 무엇인가를 참조하여 해석하고 판단하는 것은 다음과 같은 물리적 특성의 예에도 적용된다.

　오늘 아침 '김 교사'가 측정한 본인의 몸무게는 68kg이었다. 이 68이라는 숫자 자체만으로는 의미 있는 해석과 판단을 내릴 수 없지만 '김 교사의 한 달 전 몸무게는 70kg이었으며, 김 교사는 한 달 사이 2kg 감량을 위해 식단을 조절했다'는 정보가 주어지면, '김 교사가 살이 빠졌다 혹은 김 교사의 다이어트가 효과적이다' 등의 해석과 판단이 가능해진다. 또 다른 정보로 김 교사와 비슷한 연령대 한국 성인 평균 몸무게가 65kg이라는 정보까지 주어지면 '김 교사는 연령에 비해 약간 살이 쪘다'라는 해석과 판단까지 가능하다. 이처럼 측정결과 자체가 아니라 다른 무엇(위의 예에서는 김 교사의 체중감량 목표 혹은 비슷한 연령대 성인의 평균 몸무게)과 측정결과를 비교할 때 의미 있는 해석 혹은 판단이 가능해진다. 이렇게 평가결과로부터 필요한 정보를 얻기 위해서는 제3의 무엇인가를 참조하게 된다. 이때 참조하는 무엇인가를 '참조근거'라고 부른다.

어떤 학생이 시험을 본 후 원점수 자체만으로는 그 학생의 성취에 대한 해석과 판단이 어렵다. 100점 만점 시험에서 한 학생이 80점을 받았다면 이 학생의 성취는 우수한가? 보통인가? 미흡한가? 그러나 '학급의 평균점수는 78점이다' 혹은 '90점 이상은 우수 수준, 75~89점은 보통 수준, 74점 이하는 미흡 수준'이라는 정보가 주어지면 비로소 학생의 성취에 대한 해석과 판단이 가능해진다. 즉, 한 개인의 평가 점수를 개인이 속해 있거나 혹은 직접 속해 있지 않더라도 비교가 되는 집단 속에서 다른 사람의 성취와 상대적으로 비교하여 해석하는 방식을 '규준참조평가'라고 하고, 다른 사람의 성취와는 아무 상관없이 의도했던 목표에 비추어 개인의 평가 점수를 해석하는 방식을 '준거참조평가'라고 한다.

지금까지는 규준참조평가와 규준지향평가 그리고 준거참조평가와 준거지향평가 등으로 용어가 여러 문헌에서 혼용되어 왔다. 영어 원어를 보면 norm-referenced evaluation, criterion-referenced evaluation으로 '지향'보다는 '참조'라는 표현이 보다 적합함을 알 수 있다. 평가학자들의 모임인 한국교육평가학회(2004)에서 발간한 용어사전에서도 '참조평가'라는 용어를 사용하고 있다. 따라서 이 책에서도 참조평가라는 용어를 사용하고자 한다.

규준참조평가의 참조근거는 소속된 집단에 있는 다른 사람들의 성취를 말한다. 따라서 상대적 위치나 서열(석차)이 해석의 중심이 되기 때문에 '상대평가'라는 용어로 부르기도 한다. 그리고 준거참조평가의 참조근거는 본래 의도했던 기준 혹은 목표라 다른 사람들의 성취와 전혀 관련이 없다. 따라서 사전에 설정된 절대적인 목표 혹은 기준의 도달 여부 및 정도가 해석의 중심이 되기 때문에 '절대평가'라는 용어로 부르기도 한다.

참조근거에 진단평가, 형성평가, 총괄평가를 더하다

교사는 단원이나 영역의 성취기준 및 수업의 차시 학습목표를 확인하고, 학생들의 성취기준과 차시 학습목표 도달을 위해 수업을 계획하여 실시한 후, 단원이나 영역의 학습 종료 시점에서 성취기준 도달 정도를 확인해야 한다. 과정중심평가와 피드백을 중심으로 한 단원의 학습에 대한 진단, 형성, 총괄평가의 예시를 살펴보자. 성취기준 및 평가기준 등의 용어는 앞에서 다루었으니, 여기에서는 학습 전개 과정에 따른 진단, 형성, 총괄평가의 참조방식에 집중할 참이다.

먼저 진단평가의 참조방식을 알아보자. 교사는 단원이나 영역의 학습 초기 그리고 차시 수업의 시작 시점에서 학습을 위해 필요한 학생의 특성, 성취기준 및 학습목표 관련 과거 학습의 정도, 준비도, 흥미, 동기 상태 등의 정보를 형식적 평가(검사지 등)와 비형식적 평가(관찰과 질의응답 등)를 통해 파악하여 실제 수업에서 교수·학습의 효과를 극대화하고자 한다. 학기 초에 실시하는 일제식 진단평가(반 배치고사)를 제외하고 교실에서 수업과 관련하여 개별 교사가 실시하는 진단평가는 대부분 형식적 평가보다는 비형식적 평가에 가깝다. 이 책에서는 이를 강조하는 의미로 '진단평가'보다는 '진단평가 활동'이라는 용어를 선호한다. 다음 예를 보면 해당 차시 수업 초기에 학생들이 차시 학습목표의 선수 학습 내용을 어느 정도 학습하고 있는지를 확인하는 활동을 하는데, 상대적 정보가 필요 없으므로 당연히 준거참조평가방식이다.

Evaluate 진단평가의 참조방식

[초등학교 교사용 지도서 수학 1-1 3단원, 210쪽, 13차시]

연계 성취기준	[2수01-05] 덧셈과 뺄셈이 이루어지는 실생활 상황을 통하여 덧셈과 뺄셈의 의미를 이해한다.

⇩

차시 학습목표	덧셈식과 뺄셈식을 쓰고, 이야기를 만들 수 있다.

⇩

진단평가 활동	구체물을 이용하여 5, 7을 두 수로 가르기와 6, 8이 되도록 두 수를 모으기

다음은 형성평가의 참조방식을 알아보자. 형성평가는 성취기준 및 차시 학습목표를 확인하고 차시별 수업을 계획한 후, 실제 수업을 실시하는 과정에서 학생에게 차시 성취기준(학습목표) 도달에 대한 정보와 학습개선을 위한 정보를 제공하기 위해 실시한다. 또한 교사가 성취기준(학습목표) 중심으로 수업하는 과정에서 수업의 수정, 보완, 개선에 필요한 정보를 얻기 위해 실시하는 평가다. 예를 들어 학생들이 수업활동에서 지식 관련 부분을 어려워하는지, 기능 관련 부분을 어려워하는지 등

구체적인 정보를 얻기 위해 형성평가를 활용한다. 다음 예를 보면 수업 도중 학생들의 학습목표 도달 수준을 확인하고, 도달에 어려움을 경험하는 학생에게 학습개선 정보(피드백)를 제공하고 있다. 상대적 정보가 필요 없으므로 당연히 준거참조평가방식이다.

Evaluate **형성평가의 참조방식**

[초등학교 교사용 지도서 수학 1-1 3단원, 210쪽, 13차시]

연계 성취기준	[2수01-05] 덧셈과 뺄셈이 이루어지는 실생활 상황을 통하여 덧셈과 뺄셈의 의미를 이해한다.

차시 학습목표	덧셈식과 뺄셈식을 쓰고, 이야기를 만들 수 있다.

형성평가 활동	[교실에서 색 도화지와 색종이를 이용하여 모양 꾸미기를 하고 있는 장면] ⇨ 그림을 보면서 덧셈과 관련된 이야기를 만든 후 알맞은 덧셈식을 써볼까요?

평가 요소	성취의 수준		피드백
주어진 장면에 적합하게 덧셈 상황을 이야기로 꾸미고 덧셈식을 만들 수 있다.	도달	장면에 맞게 덧셈 이야기를 만들고, 이야기에 맞는 덧셈식을 만들 수 있다.	"참 잘했어요." 필요한 경우 '0'의 덧셈 이야기와 덧셈식을 만들어보도록 유도한다.
	부분도달	장면에 맞게 덧셈 이야기를 만들었으나 덧셈식이 이야기에 부합되지 않는다.	"잘했어요. 덧셈 이야기를 바르게 만들었군요." 꾸민 이야기와 덧셈식이 일치하는지 다시 확인해 보도록 지도한다.

평가 요소	성취의 수준		피드백
주어진 장면에 적합하게 덧셈 상황을 이야기로 꾸미고 덧셈식을 만들 수 있다.	미도달	장면에 맞게 덧셈 이야기를 만들지 못한다.	"이야기를 꾸미는 데 어려움이 있었군요." 그림 장면에서 덧셈식으로 구성할 수 있는 요소(학생, 화분 등)에 집중하도록 지도한다.

총괄평가는 두 가지 목적과 모습이 있다.

첫째, 행정적 의사결정을 위한 평가로 시행된다. 객관성과 표준화가 강조되고 형식적 평가의 모습을 가지며 중간고사, 학기말고사 등 일제식 시험 형태로 실시된다. 현재 고등학교 '과목별 석차등급'처럼 최종적 판단에 서열(석차)이 필요하면 규준참조평가방식이 된다. 또는 현재 중학교 성취평가제 '성취율(원점수)'처럼 최종적 판단이 절대적 성격이라면 준거참조평가방식이 된다. 행정적으로는 학교의 공식 절차를 따라 검사가 개발·시행·채점된다.

둘째, 단원 정리평가로서의 총괄평가로 시행된다. 특히 교과 단원이나 영역의 학습 종료 시점에서 교육과정 성취기준의 도달 정도를 확인하기 위한 평가로 실시된다. 객관성과 표준화보다는 교수·학습과의 연관성이 강조되며, 대부분 형식적 평가의 모습을 가지는 준거참조평가방식이 되고, 교사개발 수시평가로서 교사별 또는 교실별로 검사 내용과 시기가 달라질 수 있다. 이는 개별 교사의 주관하에 검사가 개발·시행되기 때문이다. 최근에는 어떠한 형태로 접근하든 교수·학습을 위한 피드백을 상당히 강조한다. 물론 두 번째 경우라면 피드백이 더 강조된다.

Evaluate **평가의 활용**

[교육부 고시 제2015-74호 9 (별책 2) 초등학교 교육과정, 218쪽]

[2015 개정교육과정 수학과 교수 · 학습 자료 초등학교 1~2학년, 15쪽]

> 수업의 전개 국면에 따라 진단평가, 형성평가, 총괄평가를 적절히 실시하되, 지속적인 평가를 통해 다양한 정보를 수집하고 수업에 활용한다.
>
> ⇨ 위의 진술에서 '수업의 전개 국면에 따라' 총괄평가를 실시하고 총괄평가를 통해 수집된 정보를 수업에 활용해야 함을 알 수 있다. 여기에서 총괄평가는 행정적 의사결정이 아닌 교수 · 학습의 질을 개선하기 위해 사용되므로 준거참조평가의 형태다.

　마지막 행정적 의사결정 목적이 아닌 단원 정리평가로서 피드백을 위한 총괄평가의 참조방식을 알아보자. 총괄평가는 단원 혹은 영역의 전체 차시 수업이 종료되는 시점에서 단원 혹은 영역의 성취기준 도달 정도를 확인하기 위해 실시한다.

Evaluate **총괄평가의 참조방식**

[초등학교 교사용 지도서 수학 1-1, 214쪽]

연계 성취기준	[2수01-05] 덧셈과 뺄셈이 이루어지는 실생활 상황을 통하여 덧셈과 뺄셈의 의미를 이해한다. [2수01-06] 두 자리 수의 범위에서 덧셈과 뺄셈의 계산 원리를 이해하고 그 계산을 할 수 있다.

⇩

차시 학습목표	얼마나 알고 있나요?

⇩

총괄평가 활동	1번 문항 ~ 6번 문항 지필 평가, 면담 평가, 관찰 평가

[초등학교 교사용 지도서 수학 1-1, 214쪽]

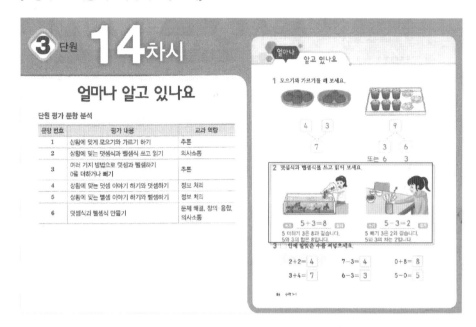

예시적으로 성취기준 [2수01-05]의 도달 수준을 판정하는 경우를 살펴보자. 단일 문항으로 개별학생의 성취기준 [2수01-05] '덧셈과 뺄셈이 이루어지는 실생활 상황을 통하여 덧셈과 뺄셈의 의미를 이해한다'의 도달 정도를 확실하게 판정하기는 어렵다. 6개 문항 중 5개 문항이 성취기준 [2수01-05]에 기반하고 있으며, 5개 문항 모두에 대한 학생의 해결 과정과 결과를 종합하여 판정을 내리게 된다. 여기에서는 1번 문항만으로 [2수01-05]의 성취기준 도달 정도를 판정한다고 가정하자. 예시답안은 지도서 평가 문항에 함께 제시되어 있으며, 실제 읽기 과정은 글로 쓰는 것이 아니고 학생이 말로 답하는 문제이므로 교사의 개별 면담에 의한 확인이 필요하다.

다음은 국가 교육과정정보센터에 내려받은 성취기준 [2수01-05]의 평가기준이다. 추가로 학생 응답, 성취수준 판정, 연계 피드백에 대한 예이며, 피드백을 위한 총괄평가는 준거참조평가방식임을 볼 수 있다.

Evaluate 성취기준 [2수01-05]의 평가기준

성취기준	평가기준	
[2수01-05] 덧셈과 뺄셈이 이루어지는 실생활 상황을 통하여 덧셈과 뺄셈의 의미를 이해한다.	상	실생활 상황을 덧셈식이나 뺄셈식으로 나타내고, 그 과정을 설명할 수 있다.
	중	실생활 상황을 덧셈식이나 뺄셈식으로 나타내고 읽을 수 있다.
	하	안내된 질차에 따라 덧셈이 이루어지는 상황을 덧셈식으로, 뺄셈이 이루어지는 상황을 뺄셈식으로 나타낼 수 있다.

Evaluate 성취기준과 평가기준 연계 + 피드백

성취기준	[2수01-05] 덧셈과 뺄셈이 이루어지는 실생활 상황을 통하여 덧셈과 뺄셈의 의미를 이해한다.

응답	평가 기준	피드백 계획
덧셈과 뺄셈을 바르게 쓰고 바르게 읽음	도달	과정을 설명할 수 있는지 추가면담 활동을 통해 확인한다.
덧셈 혹은 뺄셈의 쓰기는 하지만 바르게 읽지 못함	부분 도달	덧셈은 3단원 5차시의 '덧셈식으로 나타내기' 활동 그리고 뺄셈은 9차시 '뺄셈식으로 나타내기' 활동을 다시 한번 학습하도록 지도한다.
덧셈 혹은 뺄셈 쓰기를 못함	미도달	추가 평가활동을 통해 학생의 '덧셈과 뺄셈 학습'의 부진 수준과 원인을 파악한다. 필요한 경우 '단원 학습계열'의 선수 학습 내용의 학습 정도를 확인한다.

교육과정 – 수업 – 평가 – 기록의
일체화를 위한 수업사례

　　교실수업을 이끌어가야 하는 교사의 최대 과제는 수업자와 평가자의 역할이다. 그런 교사가 가장 주목해야 할 참조근거는 '교육과정 성취기준'이다. 교육과정 성취기준은 교사가 가르쳐야 할 분명한 방향을 제시해줄 뿐만 아니라 교사에게 주어진 지도서와 교과서를 참고하여 구성 또는 재구성의 폭을 결정하는 기준이 된다. 이러한 교육과정 성취기준을 참조하여 단원목표와 관련한 핵심질문을 던져본다면 교사의 지도범위가 보다 분명해지는 효과를 얻을 수 있다. 또한 교육과정 성취기준을 참조한 핵심질문은 학습자 입장을 고려하여 예상되는 어려움과 해결방안으로 확장하여 사고의 폭을 넓히는 데 도움이 된다. 즉, 핵심질문 세우기는 교육과정 성취기준의 참조근거를 명확히 수립하는 중요한 절차라고 할 수 있다.

교육과정 성취기준	문학: 4국05–05 재미나 감동(지식)을 느끼며 작품을 즐겨 감상하는 태도를 지닌다(기능).

핵심 질문	재미나 감동을 느낀 부분을 찾으며 작품을 감상할 수 있는가?
예상되는 어려움 & 해결방안	• 문학작품을 자신의 삶과 관련지어 경험을 담아 창작하려는 의지가 필요하다. ⇨ 단순한 단어교체를 넘어 관련 경험을 떠올릴 수 있도록 지도한다. • 모둠에서 우수 문학작품을 선정하여 발표작품을 완성하려는 노력이 필요하다. ⇨ 모둠 친구들의 창작 작품을 상호 공유하며 보완할 수 있도록 지도한다.

▶ 교육과정 성취기준 관련 핵심질문 세우기

수업 디자인	주제: 문학 프로듀스 101	지식	기능
문학감동 전달하기 (1차시)	• 시에서 재미나 감동을 느낀 부분을 찾아보기 • 재미나 감동을 느끼며 시를 친구들 앞에서 낭송하기 • 작품과 비슷한 자신의 경험을 떠올려 보고 느낌을 기록하기	동시 재미와 감동	찾아보기 낭송하기 기록하기
문학감동 소개하기 (2차시)	• 『강아지 똥』에서 나오는 인물을 자세히 살펴보기 • 『강아지 똥』에서 느낀 재미와 감동을 친구들에게 소개하기 • 『강아지 똥』의 인상 깊은 장면을 중심으로 역할극 대본을 보고 모둠별로 소개하기	강아지 똥 등장인물 인상 깊은 장면	인물 살펴보기 감동 소개하기
문학감동 표현하기 (3차시)	• 『만복이네 떡집』을 읽고 인상 깊은 장면 찾기 • 『만복이네 떡집』에서 재미나 감동을 느낀 부분을 찾아 표현하기 • 내가 가져온 작품 속에서 재미나 감동을 찾아 공책에 표현하고 친구들과 공유하기	만복이네 떡집 재미와 감동	장면 찾기 표현하기 공유하기

문학감동 창작하기 (4차시)	• 모둠 친구들과 정한 책 속의 인상 깊은 장면 찾기 • 인상 깊은 장면을 중심으로 재미나 감동을 느낀 부분을 개작하여 표현하기(4절지 활용) • 다른 모둠 친구들의 표현 작품을 보고 궁금한 점을 찾아 포스트잇으로 질문하기	인상 깊은 장면 재미와 감동	장면 찾기 표현하기 질문하기
문학감동 발표하기 (5차시)	• 모둠에서 창작한 작품을 다시 살펴보고 보충하기 • 창작 작품의 주요 장면을 친구들과 역할을 나누 어서 발표하기 • 친구들의 작품 발표를 듣고 인상 깊은 장면을 찾아 스티커로 붙이고 질문하기	문학 작품 인상 깊은 장면	보충하기 발표하기 질문하기

▶ 교육과정 재구성 주제에 따른 수업디자인

　　참조근거에 의한 교육과정 재구성 주제가 수립되었다면 효과적인 목표 도달을 위해 차시별 수업디자인을 해야 한다. 수업디자인은 교사의 가르침과 학생의 배움이 동시에 포함되어야 하며, 교육과정 재구성 주제와 일관성을 유지해야 한다. 이는 교육과정 성취기준에서 제시된 지식과 기능을 연결하는 작업으로 각 차시별 수업계획을 보다 명확하게 수립하는 데 일조한다. 특히 수업의 구체적인 맥락 속에서 교사와 학생이 주목해야 할 핵심 지식을 명료화하는 데 도움을 준다. 또한 교육과정 성취기준의 핵심지식을 활용하여 수행해야 할 기능을 선별하고 각 차시별 활동 내용으로 구성하는 데 도움이 된다. 즉, 수업디자인에서 명료화하는 지식과 기능은 교육과정 성취기준을 참조하고 있다.

　　교육과정 성취기준의 참조는 수업디자인과 함께 평가의 수용 가능한 증거결정으로 이어진다. 수용 가능한 증거결정은 재구성한 학습목표의 핵심지식을 학습요소와 기능으로 어떻게 활용할지에 대한 문제로 접근해야 한다. 이를 위해 앞에서 구상한 수업디자인 중 수용 가능한 증거결정으로 초점화(focalization)할 차시를 선정하여 구체적인 질문으로 나타내는 것이 중요하다. 또한 교육과정 성취기준을 참조로 구성된 수업디자인과 밀접하게 연계된 재구성 평가기준을 수립해야 한다. 여기에서 재구성 평가기준이란 수업디자인의 학습요소를 수업-평가로 연계하기 위한 초점화 차시의 성취기준(학습목표)에 대한 도달/부분도달/미도달 수준을 의미한다. 참고로 2015 개정교육과정의 평가기준은 상/중/하로 구성되어 있는데, 이 책에서는 필요한 경우 학습목표 도달 판정으로 도달/부분도달/미도달을 사용한다.

이러한 재구성 평가기준의 수립은 핵심지식의 활용을 통한 기능의 성취기준 도달 여부를 보다 구체적으로 명세화하는 데 도움을 준다. 검사 명세화(test specification)란 검사의 목적이 결정된 후 그 목적에 부합하는 검사를 개발하기 위해 검사문항의 형태, 검사의 길이, 검사 내용의 구체화 등 검사개발 계획을 명확히 하는 과정을 의미한다. 이때 재구성 평가기준은 차시의 학습목표에 도달하지 못한 학생들을 위한 피드백 방안을 포함할 수 있다. 즉, 피드백 방안의 이런 접근은 단원중심의 수업을 전개해야 하는 교사가 부분도달/미도달 학생에 대한 지도대책을 교육과정-수업-평가-기록의 일체화 맥락으로 접근하는 데 도움을 준다.

수용 가능한 증거 결정		책(학습요소) 속의 재미나 감동을 중심으로 자료를 정리하여 잘 소개(활용)하는가?
재구성 평가기준	도달	자신이 읽은 책 속의 재미나 감동 부분을 찾아 자료를 정리하여 친구들에게 내용을 실감나게 잘 소개한다.
	부분 도달	자신이 읽은 책 속의 재미나 감동 부분을 찾아 자료를 잘 정리하나 친구들에게 내용을 실감나게 잘 소개하지 못한다.

재구성 평가기준	부분 도달	**피드백 방안** ⇨ 자신이 읽은 책 속의 재미나 감동 부분을 인물의 말과 행동을 중심으로 정리하고 친구들에게 소개할 때에도 인물의 특징을 생각하며 표정 및 억양 등을 흉내 내며 발표할 수 있도록 지도한다.
	미도달	자신이 읽은 책 속의 재미나 감동 부분을 잘 찾지 못하고 내용을 잘 소개하지 못한다. **피드백 방안** ⇨ 자신이 읽은 책 속의 재미나 감동된 부분이 어디에 있는지 하이라이트하며 내용을 다시 파악할 수 있도록 한다. 또한 인물의 특징을 생각하며 말과 행동을 중심으로 교과서에 있는 예시처럼 적어볼 수 있도록 지도한다. 더불어 책 속 인물의 표정과 억양 등을 상상해가며 발표할 수 있도록 지도한다.

▶ 수용 가능한 증거결정에 따른 피드백 방안

평가 설계	교육과정–수업–평가–기록의 일체화를 위한 구조도			
문학감동 전달하기 (1차시)	문학감동 소개하기 (2차시)	문학감동 표현하기 (3차시)	문학감동 창작하기 (4차시)	문학감동 발표하기 (5차시)
지식/기능/태도	지식/**기능**/태도	지식/**기능**/태도	지식/**기능**/태도	지식/기능/**태도**
자신의 경험에 비추어 동시를 창작할 수 있는가?	역할극 대본을 보고 인상 깊은 장면을 소개하는가?	책 속의 재미나 감동을 찾아 친구들에게 잘 소개하는가?	재미나 감동을 느낀 부분을 친구들과 잘 창작하는가?	친구들의 작품을 감상하고 질문할 수 있는가?
〈피드백〉 초기 습작을 작성하듯이 자신의 경험을 담을 수 있도록 한다.	〈피드백〉 자기 역할의 인상 깊은 장면을 찾도록 도와준다.	〈피드백〉 책 속 인물의 달과 행동을 구분하여 찾아보도록 한다.	〈피드백〉 재미나 감동적인 부분을 친구들과 따라해보도록 한다.	〈피드백〉 작품 속의 재미나 감동적인 부분을 찾아보도록 한다.

▶ 참조근거를 고려한 평가 설계 구조도

참조근거를 고려한 평가 설계는 교육과정-수업-평가-기록의 일체화 맥락으로 접근한다. 이는 수업의 흐름이 대체적으로 지식을 형성하는 인지적 학습에서 지식을 활용하는 기능적 학습으로 이어진다는 점에서 단원중심 또는 차시중심의 평가계획과 비계설정식 피드백(성태제, 2019) 방안을 수립하는 데 의의가 있다. 비계설정식 피드백이란 교사주도형 피드백으로 학생들이 수업을 잘 이해하고 따라오도록 개별화된 피드백을 적절한 양으로 제공하는 데 의의가 있다. 이를 평가의 참조방식으로 설명하자면 지식의 핵심개념을 형성평가 중심으로 확인하고, 지식을 활용하는 기능을 수행평가 중심으로 점검하여 수행 결과물을 도출할 수 있다. 위 평가 설계의 경우 1차시는 지식의 핵심개념을 중심으로, 2~4차시는 기능중심의 수행평가가 설계되었음을 알 수 있다. 마지막 5차시는 가치·태도중심의 형성평가가 이루어진다. 이러한 평가 설계방식은 특정 단원의 전체 또는 특정 차시 일부분에 걸쳐서 진행할 수 있다.

같은 뜻, 다른 느낌? 상대평가와 규준참조평가

규준참조평가는 당연히 규준을 참조하여 점수를 해석하는 평가방식이다. '규준'은 개인 점수의 상대적인 위치를 파악하기 위해 사용하는 자료로, 비교하고자 하는 집단의 검사점수 분포를 나타내는 통계치를 말한다. '통계치'는 간단히 말하면 집단의 평균이 될 수도 있고, 좀 더 복잡하게 말하면 집단의 점수 분포가 될 수도 있다. 예를 들어 다음의 석차누적비율은 점수 분포를 규준 자료로 사용한다.

Evaluate 규준참조평가의 사용 – 고등학교 과목별 석차등급

석차등급	석차누적비율
1등급	~ 4% 이하
2등급	4% 초과 ~ 11% 이하
3등급	11% 초과 ~ 23% 이하

석차등급	석차누적비율
4등급	23% 초과 ~ 40% 이하
5등급	40% 초과 ~ 60% 이하
6등급	60% 초과 ~ 77% 이하
7등급	77% 초과 ~ 89% 이하
8등급	89% 초과 ~ 96% 이하
9등급	96% 초과 ~ 100% 이하

⇨ [2018.3.1 시행] 학교생활기록 작성 및 관리지침의 별지9 '교과학습발달상황 평가 및 관리'의 고등학교 학업성적 평가결과 처리에 따르면, 과목별 석차등급은 지필평가 및 수행평가의 반영비율 환산 점수의 합계에 의한 석차순에 따라 다음과 같이 평정한다. 단, 등급별 누적 학생수는 수강자수와 누적 등급비율을 곱한 값을 반올림하여 계산한다.

'규준집단'이란 개인의 점수를 해석하기 위해 사용하는 기준집단이다. 즉, 규준이 구해진 집단이다. 규준집단으로부터 구해진 규준을 참조하여 개인의 성취를 해석한다. 개인은 규준집단에 속해 있을 수도 있고 아닐 수도 있지만 대부분은 속해 있다. 속하지 않은 예가 궁금할 것이다. 만약 전라북도 고등학생의 모의고사 점수를 서울지역 고등학생 점수 분포를 참조하여 해석한다면 규준집단은 서울지역 고등학생이고, 규준은 서울지역 학생들의 점수 분포가 된다.

이렇게 규준집단은 상황에 따라 달라질 수 있으며, 어떠한 규준집단의 규준을 참조하는가에 따라 개인의 성취에 대한 해석이 달라진다. 따라서 규준참조평가에서 점수를 해석할 때는 규준집단을 먼저 확인해야 한다. 예를 들어, 수학 모의고사를 치른 '지성이'의 점수는 80점인데 같은 학급 40명 학생들의 평균점수가 85점인 경우, 학급 학생들이 규준집단이 되면 '지성'이는 수학을 그리 잘하지 못한다고 볼 수 있다. 같은 수학 모의고사를 학교 전체 학생이 모두 치렀고 학교 전체 학생들의 평균이 80점인 경우, 학교 전체 학생들이 규준집단이 되면 '지성이'는 수학을 보통 정도 한다고 볼 수 있다. 마지막으로 같은 수학 모의고사를 전국 학생들이 모두 치렀고 전국 학생들의 평균이 70점인 경우, 전국의 학생들이 규준집단이 되면 '지성이'는 수학을 꽤 잘한다고 볼 수 있다. 이처럼 어떠한 규준집단의 규준을 참조하는가에 따라 동일한 학생의 성취에 대한 해석이 달라질 수 있다.

규준참조평가에서 주로 사용되는 점수는 등위, 백분위, t점수, 대수능에서 사용되는 상대등급이 있다. 반면 규준참조평가에서라면 원점수는 거의 의미가 없다. 따라서 규준집단의 규준과 비교하여 상대적 성격을 가진 점수로 변환하여 사용해야 한다.

첫 번째로 등위(석차)를 생각할 수 있다. 예를 들어, 90점이 1등 혹은 5등이 될 수 있다.

두 번째는 백분위다. 백분위는 규준집단에서 특정 점수 이하의 점수를 받은 사례들이 차지하는 백분율이다. 이 점수는 대수능에서 사용되어 왔는데, 만점 피험자와 한 문제 틀린 피험자가 모두 동일하게 백분위 100을 받았다거나 만점 피험자인데도 백분위 100이 아닌 99를 받았다는 경우가 있을 수 있다. 이는 대수능 표준점수를 백분위로 변환할 때 만점을 맞거나 한 문제 틀린 피험자의 수가 규준집단의 인원수에 비해 매우 적을 때 계산상 소숫점 반올림으로 인해 두 점수 모두 변환 결과가 동일하게 100이 되는 경우이거나 만점자가 많은 경우 계산상 100이 아니라 99로 나오게 되는 경우다.

세 번째는 t점수다. t점수는 규준집단 점수 분포의 대표적 통계치인 평균과 표준편차를 활용하여 원점수를 규준집단의 상대적 특성을 반영하도록 변환시킨 점수다. 예를 들어 80점은 평균이 70점인 경우 괜찮은 점수지만, 평균이 90인 경우 불만스러운 점수가 될 수 있다. 두 경우의 80점을 t점수로 변환시키면, 괜찮은 경우의 t점수는 50점 초과의 값을 갖고, 불만스런 경우는 50점 미만의 값을 가지게 된다. 개인의 t점수가 50점보다 높은지 낮은지만 알면 개인의 점수가 비교 집단의 평균에 비추어 높은지 낮은지 바로 알 수 있다. 여기에서 개인의 점수가 비교 집단의 평균과 동일하면 t점수는 50이 된다.

또한 대수능에서 사용되는 상대 9등급과 고등학교 석차등급을 들 수 있다. 두 등급은 일종의 표준점수인데 대수능에서 보고되는 표준점수와 가장 큰 차이는 구간점수라는 것이다. 대수능의 표준점수와 백분위는 피험자가 받을 수 있는 점수가 매우 많다. 간단하게 백분위만 봐도 0부터 100까지 101개의 점수가 가능하다. 이렇게 받을 수 있는 점수가 많으면 개인을 변별하기가 쉽다는 장점이 있다. 이 장점을 다른 시각으로 보면 개인의 성취를 지나치게 세밀하게 구별한다는 단점이 되기도 한다. 따라서 이 단점을 보완하기 위해 1부터 9등급으로 나뉜 구간점수로 등급이 도입되었다. 예를 들어, 백분위 95에서 89까지 7개 점수를 받은 모든 학생은 동일하게 2등급이 부여된다. 결국 상대평가에서 작은 점수 차이로 인한 영향력을 약화시키기 위해 사용되는 점수라고 할 수 있다.

규준참조평가의 장점과 단점을 파악하라

　규준참조평가의 장점은 개인의 상대적인 위치를 객관적으로 파악하여 우열을 가리기 쉽다는 데 있다. 즉, 규준참조평가에서는 상대적 개인 차이의 변별이 가능하다. 따라서 선발과 배치라는 목적을 위해 주로 사용된다. 대표적인 선발 시험이 대학교 입학을 위한 대학수학능력시험이고, 성적표에서 제공되는 표준점수, 백분위, 등급이 모두 규준참조평가에서 사용되는 점수라는 것을 앞에서 설명했다. 학교생활기록부 성취도 A, B, C, D, E는 현행 성취평가제에 따르면 절대평가방식으로 부여된다.

　규준참조평가는 개인 차이의 변별력을 높이는 것을 중요하게 본다. 규준참조평가의 장점이 개인 차이의 변별이고, 따라서 규준참조평가에서는 변별력을 높이는 것이 우선이다. 개인 간의 차이가 존재한다는 전제하에 그러한 차이를 가능한 한 객관적으로, 정확하고 세밀하게 드러내는 것이 목적이다.

　2017년 8월 말에 교육부는 2021년도로 예고되었던 대학수학능력시험 절대평가

전환을 1년 유보한다고 발표했는데 주요 이유는 변별력 약화로 인해 수능이 대입 전형자료로서의 역할을 하지 못할 것이라는 우려가 컸기 때문이다. 이처럼 선발을 위한 규준참조평가에서는 변별력이 중요하다. 현재 9등급으로 나뉜 수능 한국사의 경우 2019학년도 수능에서 1등급을 받은 수험자가 전체의 36.52%였는데, 한국사 등급 점수로 개인 간 차이를 변별하기 어렵다는 공감이 갈 것이다.

규준참조평가에서는 변별력을 높이기 위해 여러 가지 방법을 사용한다. 먼저 검사 전체적으로 난이도를 조정하는데, 너무 어렵거나 너무 쉬우면 변별력을 높이기가 힘들기 때문에 중상 정도의 난이도를 가지도록 검사 문항을 개발・조정해야 한다.

변별력을 위해서는 피험자가 받을 수 있는 점수 자체가 많아야 한다. 따라서 최고 점수에서 최저점수 사이에 얼마나 많은 점수가 존재하는가를 살피면 된다. 예를 들어 2019학년도 수능 한국사 9등급제에서는 전체 피험자 중 99.73%가 1등급에서 8등급까지의 점수를 받았다. 결국 전체 피험자를 8개의 점수로 변별한 것이고 당연히 변별력이 낮을 수밖에 없다. 이에 반해 백분위 점수는 이론상 100에서 0까지 101개의 점수가 존재하기 때문에 훨씬 변별력이 높다.

규준참조평가의 단점은 규준에 따라 개인의 성취가 결정된다는 것이다. 개인이 타고난 재능 혹은 노력 그리고 수업에서 교사가 의도했던 기준 혹은 목표의 도달 여부 및 정도와 관계없이 개인의 점수만을 규준집단의 규준과 비교하여 성적을 부여한다. 극단적인 경우를 보자. A학생은 언어적 재능이 부족하지만 나름대로 노력해서 영어 시험 결과 70점을 받았고, 학생의 성취수준은 B라고 영어 교사가 판단했더라도 만약 학급 38명의 학생 중 70점이 가장 낮은 점수라면 A학생은 최하의 성적을 받게 된다. 이 경우 A학생이 아무런 노력을 하지 않아서 30점을 받아도 똑같이 최하의 성적을 받을 것이다. A학생의 노력과 절대적 성취 수준은 성적에 전혀 반영되지 않는다. 완전히 반대의 경우도 비슷하다.

결국 규준참조평가는 경쟁을 통해 서열을 높이는 것이 가장 중요하다고 할 수 있다. 이는 학생들의 학업 스트레스를 과중시킬 뿐 아니라 인성적 성장을 위해서도 바람직하지 않다. 또한 규준참조평가의 성적은 무엇을 얼마만큼 성취했는지 혹은 성취하지 못했는지를 전혀 보여주지 못하기 때문에 학생의 부족한 부분을 도와주는 피드백이 거의 불가능하다. 위 예시에서 A학생의 최하 석차(꼴등)라는 정보를 가지고 영어 교사는 학생의 학습을 돕기 위해 어떠한 피드백을 해줄 수 있을까? 아마도 다음 시험에는 좀 더 노력해서 꼴등을 면해보자고 응원하는 게 현실적일 것이다. 과연 그것이 교육적인 피드백인지 의심스럽다.

규준참조평가의 핵심은 변별력에 있다

교육평가에서 변별력이란 검사를 구성하는 개개의 문항이 피험자의 능력수준을 일관되고 타당하게 변별하는 혹은 구별하는 정도를 의미한다. 즉, 변별력이 있는 검사라는 의미는 검사를 구성하고 있는 문항들의 변별력이 충분하다는 것을 뜻한다. 변별력이 있는 검사점수의 차이는 피험자 능력의 차이로 일관되고 타당하게 해석될 수 있다. 그러나 교육평가의 변별력을 위해 문항 변별력에만 초점을 맞춘다면 학생 개별 역량중심의 교육은 멀어질 수밖에 없다. 즉, 규준참조평가의 상대적 위치를 단순히 비교를 위한 변별자료로만 활용한다면 개인의 성장 가능성을 무시하는 실수를 하게 된다.

이러한 관행을 방지하고 개인의 성장 가능성을 존중하기 위해서는 규준참조평가의 상대적 위치에서 기준으로 삼은 규준집단에 대한 재해석이 필요하다. 구체적으로 개인의 상대적 위치를 파악하기 위해 집계한 규준집단의 통계치를, 서열을 가르기 위한 잣대에서 개인역량의 변별력을 성찰하는 규준으로 삼아야 한다. 쉰

(Schön, 1983)은 학습이 진행되는 과정과 산출되는 결과를 반추하여 자신의 행동을 수정하는 실천적 성찰과 협력을 강조했다. 즉, 규준참조평가의 상대적 위치는 스스로 자신의 학습에 대한 문제의식을 갖고 개인역량의 변별력을 높이는 도구가 되어야 한다.

그럼 어떻게 규준참조평가의 상대적 위치를 개인역량의 변별력을 성찰할 수 있는 도구로 삼을 수 있을까? 먼저, 개인의 상대적 위치를 파악하기 위해 규준집단의 통계치를 개인역량의 변별이 가능한 척도로 선정해야 한다. 개인역량의 변별이 가능하려면 규준점수를 표준화하여 학생 개인이 검사에서 획득한 원점수에서 특정의 점수(평균)를 빼고 그 결과를 특정의 숫자(표준편차)로 나눔으로써 점수들 간의 비교정보를 도입해야 한다. 교육평가에서는 이를 '표준화점수'라고 부른다. 즉, 규준참조평가의 표준화점수를 학생 개별역량의 비교정보로 활용한다면 자신의 상대적 위치를 오히려 성찰과 협력의 도구로 활용할 수 있다.

다음, 개인의 상대적 위치를 파악하기 위해 규준집단의 통계치를 개인역량의 해석이 가능한 척도로 선정해야 한다. 개인역량의 해석이 가능하려면 검사에 참여한 학생들의 임상데이터 총합의 평균값을 규준으로 삼아 자신의 상대적 위치를 가늠하는 데 도움을 주어야 한다. 또한 개인역량에 관한 각 지수별 해석이 가능하도록 동일척도에 대한 동형문항을 구성함으로써 규준참조평가를 활용한 개별 학생의 상대적 학습상태를 비교분석하는 데 도움을 주어야 한다.

예를 들어 정민수(2016)는 이런 표준화점수를 활용하여 학생의 학습성숙도를 드러내는 5가지 핵심행동척도를 분류했다. 학습성숙도의 핵심행동척도는 학습다양성, 학습명료성, 학습몰입성, 학습효과성, 학습성공률로 학생 개별 규준참조평가의 상대적 위치를 드러내준다. 특히 학습성숙도 검사에 참여하는 학생 개인역량의 변별과 해석을 위해 핵심행동척도를 학습능력과 학습실행 지수로 구분하여 각각의 표준화점수를 동일 그래프로 구현했다. 이러한 시도는 규준참조평가의 상대적 위치를 활용하여 개별학생의 학습능력을 성찰하고 학습실행 지수에 의한 핵심행동 척도별 개인역량을 비교분석하는 데 효과적이다.

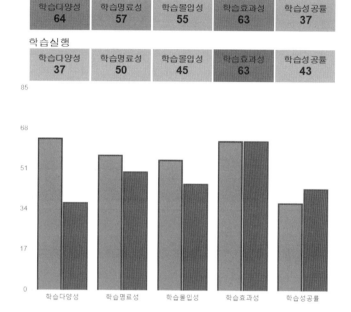

▶ 학습성숙도의 학습능력과 학습실행 그래프

구체적으로 표준화점수를 활용한 학습성숙도의 핵심행동척도 그래프는 규준참조평가에 대해 다음과 같은 시사점을 준다.

첫째, 학습성숙도는 규준참조평가에서 측정하고자 하는 핵심행동척도를 표준화점수화 함으로써 개인의 역량점수를 비교정보로 활용하는 데 효과적이다. 여기에서 비교정보란 표준화점수에 의해 결정된 자신의 학습위치 및 학습상태로, 학습성숙도에서는 학습능력 및 학습실행 지수로 구분된다.

둘째, 학습성숙도의 핵심행동척도별 동형문항의 구성으로 개인의 학습능력과 학습실행 지수를 직접적으로 비교하는 데 효과적이다. 예를 들어, 위 학습성숙도에서 보면 학습다양성의 학습능력(64)이 높은 반면 동일척도의 학습실행(37)이 낮아 개인의 역량을 충분히 발휘할 수 있는 능력이 많음에도 불구하고 현재 학습은 잘 이루어지지 않는 상황임을 알 수 있다. 반면 학습효과성의 학습능력과 학습실행 지수는 동일 점수(63점)로 현재 만족 상태임을 알 수 있다. 그러나 학습성공률의 학습능력(37)과 학습실행(43) 지수가 낮아 규준집단에 비해 성찰과 협력이 필요한 상황이라고 판단할 수 있다.

이와 같이 개인역량의 변별력을 성찰하는 데 효과적인 학습성숙도 검사는 교육포털 엠디랑 (www.mdrang.net)에서 무료로 받아볼 수 있다. 학습성숙도의 핵심행동척도에 대한 기본 의미는 다음과 같다.

첫째, 학습다양성은 학습에 다양한 방법을 적용하는 힘이다. 학습다양성이 높은 탐험형은 다양한 상황에서 적합한 언어와 비언어적 형태들을 사용하는 소통능력을 보인다.

둘째, 학습명료성은 쉽고 명확하게 전달하는 힘이다. 학습명료성이 높은 관리형은 사물의 이치를 깊이 생각하여 깨닫는 사고능력을 보인다.

셋째, 학습몰입성은 흥미롭게 집중하는 힘이다. 학습몰입성이 높은 분석형은 새로운 관계를 발견하고 아이디어를 창조하는 창의능력을 보인다.

넷째, 학습효과성은 효과적으로 이끌어주는 힘이다. 학습효과성이 높은 외교형은 다른 사람들과 힘을 모아 공동의 과제를 해결하는 협업능력을 보인다.

다섯째, 학습성공률은 배움으로 연결시키는 힘이다. 배움과정의 학습효과에 대한 종합적인 학습성공의 정도를 의미한다.

같은 뜻, 다른 느낌? 절대평가와 준거참조평가

준거참조평가란 학생이 얻은 점수나 평가결과를 '준거'라고 부르는 절대적 기준을 참조하여 학생의 성취정도를 판단하는 평가를 말한다. 흔한 예로 자격증 검사를 들 수 있는데, 자격증을 부여할 때 해당되는 능력이 없는데 등수가 높다고 주는 경우는 거의 없다. 반면 등수가 낮더라도 해당되는 능력을 충분히 가지고 있다는 것이 증명되면 자격증을 부여한다. 예를 들어, 자격증 부여 자격을 가진 피험자의 최소 조건인 분할점수(예: 100점 만점에서 70점 이상)가 미리 정해지고, 개인의 점수를 다른 사람들의 점수가 아니라 절대적 성격의 분할점수와 비교하여 자격증 부여 여부를 판단하게 된다. 이 경우 분할점수가 준거의 역할을 하는 것이다.

준거참조평가에서 사용되는 결과 보고방식은 정답백분율, 목표 도달 정도(상중하) 분류, 영역 성취정도 분류, 지식 또는 기능 서술방식 등이 있다. 준거참조평가에서 원점수와 징답백분율은 구별해야 한다. 물론 100점 만점 시험에서 80점은 80% 정답백분율과 유사한 의미지만, 12문제에서 8문제를 맞추었다면 8/12이므로 67%

가 정답백분율이 된다. 당연히 규준참조평가에서 사용되는 백분위와도 혼동하지 말아야 한다.

준거참조평가를 치른 결과를 목표의 도달 정도로 보고할 수 있다. 도달 정도 보고의 대표적 예는 2015 개정교육과정의 평가기준을 들 수 있다. 교육부의 2015 개정교육과정에 따른 평가기준(초등 1~2, 5쪽)에는 '평가기준은 교육과정 성취기준에 도달한 정도를 상중하로 나누어 진술한 것'으로 서술되어 있다. 여기에서 성취기준은 일종의 목표다. 평가 전 혹은 평가 후에 설정된 영역의 성취정도 분류 기준에 따라 준거참조평가결과를 분류 범주 혹은 수준으로 보고할 수 있다. 현 교육과정의 단원 및 영역별 성취수준 그리고 중등학교 학업성적 평가결과 처리 방법을 예로 들 수 있다. 중학교 체육·음악·미술교과의 경우 학기단위 평가결과를 기록할 때 해당 학기 교과목의 성취정도를 3수준(A/B/C) 분류로 보고한다. 여기에서 학기의 교과목 학습 내용 전체 묶음이 일종의 영역이다.

Evaluate 성취율 대비 성취도

[교육부(2018) 학교생활기록 작성 및 관리지침, 별지9 교과학습발달상황 평가 및 관리]

성취율(원점수)	성취도
80% 이상 ~ 100%	A
60% 이상 ~ 80% 미만	B
60% 미만	C

점수나 등급이 아니라 학생이 성취·습득한 지식이나 수행할 수 있는 기능을 구체적으로 서술하여 준거참조평가의 결과를 보고할 수 있다. 예로 초등학교의 학

교생활기록부-교과학습발달상황-세부능력 및 특기사항 진술을 들 수 있다. 교육부 (2018)의 학교생활기록 작성 및 관리지침에 따르면 "초등학교의 교과학습발달상황은 각 교과별 성취기준에 따른 성취수준의 특성 및 학습활동 참여도 등을 '세부능력 및 특기사항' 란에 교과별로 문장으로 입력"하도록 되어 있다.

Evaluate 세부능력 및 특기사항 기술예시

국어

: 관용표현을 사용하면 좋은 점을 알고 있으며 이야기의 구성요소를 고려하여 이야기를 바꾸어 쓰는 방법을 알고 있음

수학

: 원기둥의 전개도를 이해할 수 있고 띠그래프 또는 원그래프가 실생활에서 사용되는 예를 알고 수학에 흥미를 가질 수 있음

사회

: 정보 사회로의 변화를 살펴보고 이러한 변화가 우리 삶에 미치는 영향을 파악할 수 있고 과학 기술의 발달이 가져온 사회적 문제에 관한 자신의 생각을 바탕으로 토론할 수 있음

과학

: 전지, 전구, 전선을 연결하여 전구에 불이 켜지는 조건을 말할 수 있으며 지구의를 사용하여 계절별 낮과 밤의 길이를 측정할 수 있음

영어

: 게임의 규칙을 적절하게 숙지하여 즐겁게 참여하는 태도를 갖추고 있으며 환경보호에 관한 글을 읽고 의미를 이해한 다음 의무를 표현하는 문장을 정확하게 쓸 수 있으며 영어 말하기, 듣기, 읽기, 쓰기 등 영어의 네 기능이 고루 우수함

준거참조평가는 당연히 준거를 참조하여 점수를 해석하는 평가방식이다. 그런데 준거에 대한 이해는 규준에 비해 어렵다. 준거의 이해가 어려운 이유는 여러 가

지가 있는데 가장 눈에 띄는 것은 여러 책에서 다루는 준거의 정의가 다양하다는 점이다. 황정규 외(2016)는 준거를 '피검사자의 자질이나 특성에 대한 수준별 기술 (성공/실패, 미달/기초/보통/우수 등)'로 정의한다. 성태제(2014)는 준거를 '교육목표를 설정할 때 도달하여야 하는 최저기준'으로 크게 정의하고, 보다 구체적으로 자격증 검사의 경우 '피험자가 어떤 일을 수행할 수 있다고 대중이 확신하는 지식 혹은 기술 수준'으로, 학업성취도검사의 경우 '교사나 교과내용전문가가 해당 내용을 이해했다고 가정하는 최저 학습목표'로 정의한다. 두 연구자의 정의는 최저기준의 유무에 따라 구별된다. 이 책에서는 '최저 기준' 대신 '최소 조건'이라는 용어를 사용한다.

준거참조평가의 결과 보고 방식에 따라 최소 조건이 수반될 수도 있고 그렇지 않을 수도 있다. 예를 들어, 백분율 보고의 경우 최소 조건이 필요 없지만 도달-미도달 혹은 통과(Pass)-비통과(Fail) 보고의 경우 최소 필수 조건이 필요하다. 따라서 준거참조평가의 결과 보고 방식에 따라 준거의 모습은 달라진다. 위에서 보인 목표 도달 정도 분류 방식에 속하는 평가기준(상중하) 보고의 경우 '성취기준과 평가기준 상중하에 대한 수행 기술(performance description)'을 참조하여 학생의 평가결과를 해석하며 따라서 '성취기준과 평가기준'이 곧 준거라고 할 수 있다.

`Evaluate` 평가기준의 정의

[교육부, 2015 개정교육과정에 따른 평가기준 – 초등 1~2학년, 5쪽]

> 평가기준이란 '평가활동에서 학생들이 어느 정도의 수준에 도달했는지를 판단하기 위한 실질적인 기준 역할을 할 수 있도록 각 성취기준에 도달한 정도를 상중하로 구분하고 각 도달 정도에 속한 학생들이 무엇을 알고 있고, 할 수 있는지를 기술한 것'이다.

Evaluate **교육과정에 따른 평가기준**

[교육부, 2015 개정교육과정에 따른 평가기준 – 초등 1~2학년, 18쪽]

교육과정 성취기준	평가기준	
[2국01–01] 상황에 어울리는 인사말을 주고받는다.	상	상황에 따라 인사말이 다름을 알고 다양한 상황에 알맞은 인사말을 주고받을 수 있다.
	중	상황에 알맞은 인사말을 주고받을 수 있다.
	하	일부 상황에 알맞은 인사말을 할 수 있다.

　영역 성취정도 분류 방식인 교육과정의 영역별 성취수준 보고의 경우 영역의 학습 마무리 시점에서 학생의 평가결과를 다음에 있는 '영역별 성취수준'을 참조하여 학생이 영역의 학습에서 성취하기를 기대하는 지식, 기능, 태도에 도달한 정도를 판단한다. 따라서 '영역별 성취수준'이 곧 준거라고 할 수 있다.

Evaluate **단원 및 영역별 성취수준**

[교육부, 2015 개정교육과정에 따른 평가기준 – 초등 1~2학년, 5쪽]

> 단원 및 영역별 성취수준은 '단원 또는 영역 내 성취기준들을 포괄하는 전반적인 특성에 도달한 정도를 성취수준별로 구분해 진술한 것'이다.

[교육부, 2015 개정교육과정에 따른 평가기준 – 초등 1~2학년, 23쪽]

성취수준	일반적 특성
A	다양한 상황에 알맞은 인사말을 주고받고, 대화에서 상대를 고려하여 다양한 감정을 자연스럽게 표현한다. 상대에게 시선을 주며 바른 자세와 분명한 목소리로 자신 있게 말하고, 적절한 반응을 보이며 상대에 집중한다. 일어난 전체 순서를 고려하여 듣고 말하며, 다양한 상황에서 바르고 고운 말 사용을 적극적으로 실천한다.
B	상황에 알맞은 인사말을 주고받고, 대화에서 상대를 고려하여 감정을 표현한다. 바른 자세로 상대를 바라보며 자신 있게 말하고, 상대에 주의를 집중한다. 일어난 순서를 고려하여 듣고 말하며, 바르고 고운 말 사용을 실천한다.
C	일부 상황에 알맞은 인사말을 하고, 대화에서 감정을 부분적으로 표현한다. 상대를 보고 말하며 상대에 주의를 기울인다. 일이 일어난 순서를 부분적으로 고려하여 듣고 말하며, 일부 상황에서 바르고 고운 말을 쓴다.

　단원 및 영역별 성취수준은 단원 또는 영역 내 성취기준들을 포괄하는 전반적인 특성에 기초하여 만들어진다. 평가기준은 단일 성취기준에 기초하므로, 평가기준보다 단원 및 영역별 성취수준이 보다 큰 개념이라고 볼 수 있다. 다음 진술은 개별 수업의 단위별 평가에서는 평가기준이 준거가 되고, 단원 및 영역별 평가에서는 성취수준이 준거가 됨을 보여준다.

[교육부, 2015 개정교육과정에 따른 평가기준 – 초등 1~2학년, 10쪽]

> 영역별 성취수준은 일정 단원 및 영역에 대한 교수·학습이 완료되었을 때, 학생이 성취한 지식, 기능, 태도를 종합적으로 판단하고 평가하는 데 유용한 기준으로 활용될 수 있다. 개별 수업 단위별로 평가를 실시할 계획이라면 성취기준별로 개발된 평가기준을 참고하는 것이 유용하나, 일정 기간의 학습 내용을 종합적으로 평가하고자 할 때는 영역별 성취수준을 참고하여 더욱 포괄적인 수준에서 평가계획을 마련하고 학생의 성취정도를 평가할 필요가 있다.

대부분 준거는 '내용 + 최소 조건' 또는 '내용 + 도달 혹은 성취정도'로 구성된다. 간단한 예로 학급에서 영어 단어 10개 철자 퀴즈를 치른 후 8개 이상을 맞은 학생은 통과고, 8개 미만을 받은 학생들에게는 보충 과제가 부여된다면, 이 경우 개별 학생의 점수는 8/10점이라는 분할점수를 참조하여 해석이 이루어진다. 표면적으로 8/10점이 준거 역할을 하지만, 여기에서 8/10점은 학생들이 학습하기를 기대하는 전체 영어 단어 목록(내용)과 전체 목록에서 교사가 학생이 해당 내용 학습을 성취했다고 인정할 수 있는 최소 조건인 80% 학습률이 결합되어 만들어진다. 물론 '철자 퀴즈에서 10개 중 8개 이상을 맞은 학생은 전체 단어 목록의 학습률이 80% 이상이다'라는 가정이 전제되어 있다.

준거참조평가의 영역과 목표를 파악하라

준거참조평가는 여러 가지 개념을 포함하는데, 대표적으로 영역참조평가와 목표참조평가의 개념이 있다(권대훈, 2008). 두 평가에서 준거는 다른 모습을 가지며, 이는 준거를 이해하기 어렵게 만드는 이유이기도 하다.

영역참조평가는 영역의 성취정도 혹은 성취 여부를 판단하기 위한 평가다. 권대훈(2008)에 따르면 영역의 의미는 첫째, 긴밀하게 관련된 다수의 기능 혹은 행동, 둘째, 관련성이 다소 낮은 다수의 기능 혹은 행동, 셋째, 어느 정도 관련된 동질적인 기능 혹은 행동으로 이해할 수 있다.

먼저, 교육과정상의 내용 영역을 영역으로 생각할 수 있다. 2015 초등학교 수학과 교육과정 내용체계를 보면 수와 연산, 도형, 측정, 규칙성, 자료와 가능성의 5개 영역으로 구성되어 있고, '규칙성' 내용 영역은 초등 1~2학년에서 다음과 같은 2개의 성취기준을 가지고 있다. 영역 학습 후 학생이 할 수 있기를 기대하는 기능 혹은 행동을 명시화한 것이 성취기준이고, 동질성을 가진 성취기준이 하나의 내용 영역에 속함을 볼 수 있다.

[2수04-01] 물체, 무늬, 수의 배열에서 규칙을 찾아 여러 가지 방법으로 나타낼 수 있다.
[2수04-02] 자신이 정한 규칙에 따라 물체, 무늬, 수 등을 배열할 수 있다.

출처: 교육부(2017), 초등학교 교사용 지도서 수학 1~2학년

또 다른 예로 초등학교 교과서 단원을 영역으로 볼 수 있다. 초등학교 과학 4학년 1학기 2단원 '지층과 화석'은 3개의 성취기준을 가지고 있다. 동질성을 가진 성취기준이 하나의 단원에 속함을 볼 수 있다.

[4과06-01] 여러 가지 지층을 관찰하고 지층의 형성 과정을 모형을 통해 설명할 수 있다.
[4과06-02] 퇴적암을 알갱이 크기에 따라 구분하고 퇴적암이 만들어지는 과정을 모형을 통해 설명할 수 있다.
[4과06-03] 화석의 생성 과정을 이해하고 화석을 관찰하여 지구의 과거 생물과 환경을 추리할 수 있다.

출처: 교육부(2018), 초등학교 교사용 지도서 과학 4-1

그리고 목표참조평가는 목표의 도달 여부나 도달 정도에 비추어 결과를 해석하는 평가다. 수업 중 개별 교사가 실시하는 준거참조평가는 대부분 성취기준 혹은 학습목표의 도달 여부나 도달 정도 해석을 목적하고 있으므로 목표참조평가다. 목표의 의미는 단일의 기능 혹은 행동으로 이해할 수 있다. 추후 설명하겠지만 목표는 학습내용과 도달점 행동 그리고 행동조건으로 이루어지며 문장 형태로 진술되

어야 한다. 위에서 말한 성취기준도 일종의 목표이며 문장 형태를 갖추고 있음을 볼 수 있다.

성취기준(큰 목표)과 차시 학습목표(작은 목표)를 목표참조평가에서 참조하는 목표로 생각할 수 있다. 예를 들어 보자. 초등학교 수학 2-2 1단원 '네 자리 수'의 연관 성취기준은 [2수01-02]와 [2수01-03]이고, 전체 10차시에 걸쳐 총 13개의 학습목표가 있다. 목표의 위계가 낮을수록 개수가 많아짐을 볼 수 있다.

개별 성취기준의 도달 정도 해석이 필요한 경우 위에서 보인 성취기준별 평가 기준이 준거가 된다. 앞에서 준거는 '내용 + 최소 조건 혹은 내용 + 도달(성취) 정도'로 구성된다고 말했다. 평가기준은 내용인 성취기준상의 지식 + 기능 혹은 행동과 도달 정도인 상중하 수준 기술로 구성된다. 단일 차시 학습목표의 도달 여부 해석을 목적하는 목표참조평가의 경우 학습목표 자체가 준거가 된다. 다음은 차시 학습 목표 도달 여부 해석을 위한 목표참조평가의 예다.

Evaluate **목표참조평가의 예시**

초등 수학 1학년 1학기 5단원 3차시 '십몇을 알아볼까요'수업에서 '친구가 11~19까지의 수 중 한 수를 말하고 다른 친구는 그 수를 모형(연결큐브)으로 나타내기' 모둠별 과제 수행 관찰(평가)을 통해 학생이 '십몇을 10개씩 묶음 1개와 낱개로 나타낼 수 있다' 학습목표에 도달했는지 여부(도달/미도달)를 판정한다. 판정 결과는 후속학습을 위한 정보가 된다.

위의 예처럼 단일 학습목표의 도달 여부를 판정하는 경우는 학습목표 안에 내용과 최소 조건이 포함되었다고 할 수 있다. 위의 학습목표는 내용 '십몇 나타내기' + 조건 '10개씩 묶음 1개와 낱개로 나타내기'로 구성되었다. 만약 학생이 13이라는 수를 듣고 10개 묶음을 사용하지 않고 13개의 낱개만을 이용한다면 목표의 최소 조건을 충족하지 못한 것이고 따라서 학습목표 미도달로 판정한다.

영역참조평가와 목표참조평가는 분명 의미상 겹치는 부분이 있다. 그러나 두 평가의 가장 큰 차이는 검사점수에 근거하여 추론하는 정도가 다르다는 것이다. 영역참조평가에서 성취기준들은 묶여서 내용 영역 혹은 단원에 속할 수 있다. 만약 내용 영역이 성취기준이 아닌 내용 요소(분수, 소수 등)로만 구성되었다거나 단원이 학습 주제(네 자리 수 알아보기 등)로만 구성되었다면 영역참조평가와 목표참조평가는 뚜렷하게 구별될 것이다. 내용 요소와 학습 주제는 문장 형태 진술이 아니므로 목표가 될 수 없다. 따라서 이에 기반하여 만들어진 검사는 목표참조평가가 될 수 없다.

그러나 현재 우리나라의 교육과정 구성에 따르면 두 평가방식은 명확하게 구분하기 어렵다. 따라서 실제 학교에서는 영역참조평가와 목표참조평가가 겹쳐 사용된다. 예를 들어, 학기 초 진단평가를 개발할 때 이전 학기 전체 과정을 시험범위로 하고 전 학기 전체 성취기준을 조사하여, 필요한 기준을 선별하고 선별된 기준에 기반을 두어 검사를 개발·실시하고, 100점 만점에서 70점을 통과 기준으로 설정한 후 검사점수가 70점 미만인 학생들에게 추가 학습 도움을 제공한다면 영역참조평가라고 할 수 있다. 현재 예에서는 선별하여 검사를 개발하므로 추후 평가결과를 확대 해석해야 하며, 이는 곧 영역참조평가 성격이라고 할 수 있다.

또 다른 예로, 초등 1-1학기 5단원 '50까지의 수' 교수·학습 마무리 시점에서 전체 3개 성취기준에 기반하여 3개 문항 서/논술형 검사를 개발·실시하고(예. 1번 문항은 성취기준 ①에 기반, …, 3번 문항은 성취기준 ③에 기반), 각 문항에 대한 학생 반응을 채점하여 각각 기반을 두고 있는 개별 성취기준의 도달 정도(상중하)를 판단한다면 목표참조평가라고 할 수 있다. 현재 예에서는 목표의 선별 과정이 없기 때문이다.

정리하자면 두 평가의 차이는 검사점수를 해석할 때 확대 해석의 필요 여부다. 영역참조평가를 개발할 때는 영역을 구성하고 있는 요소(성취기준 혹은 학습 주제 등) 전체에서 선별하여 선별된 일부의 요소를 평가하는 검사를 개발하고, 결과를 영역의 전체 요소로 확대 해석한다. 그러나 목표참조평가에서는 해석이 필요한 모든 목표에 기반을 두고 검사를 개발하기 때문에 검사결과에 대한 해석은 문항에 기반한 목표에 한정한다.

영역참조평가와 목표참조평가가 약간 섞인 모습으로 사용될 수도 있다. 예를 들어, 전 학기 전체 성취기준을 조사하여 총 16개라고 했을 때 단원별로 대표성을 가진 8개 성취기준을 선별하여 검사를 개발·실시하고, 최소 도달률(5개/8개 등) 미만인 학생들을 파악하여 개인별로 틀린 문항에 기반한 성취기준 관련 내용의 재학습을 제공한다면 이는 영역참조평가를 기본으로 하지만 목표참조평가의 모습이 가미된 것이다. 이 경우 학생이 문항을 틀렸다면 그 문항이 기반하고 있는 성취기준 학습이 충분하지 않은 것으로 판단할 수 있다.

영역참조평가와 목표참조평가방식은 보고 방식과 결과 해석 방식이 유사하다. 평가자가 출제하고자 하는 절대평가−준거참조평가가 영역참조평가인지 목표참조평가인지는 출제 범위와 확대 해석 유무에 따라 달라진다. 검사의 범위가 넓고 범위를 구성하고 있는 요소인 성취기준, 혹은 학습 주제가 많다면 모든 요소에 기반을 두고 40분용 혹은 45분용 검사를 개발하는 것은 무리다. 이 경우 출제할 요소를 선별하는 과정이 필요하고 최종적으로 검사결과를 선별 요소와 비선별 요소를 포괄하는 범위의 전체 요소로 확대 해석하게 된다. 이 경우 영역참조평가라고 할 수 있다. 예를 들어 중간고사, 학기말고사, 국가수준 학업성취도 검사가 이에 해당된다. 검사의 범위가 좁은 경우, 범위를 구성하고 있는 요소인 성취기준 혹은 차시 학습목표가 소수라면 모든 요소에 기반을 두고 검사를 개발하는 것이 가능하다. 이 경우 요소를 선별하는 과정이 없고 최종적으로 검사결과를 확대 해석하지 않는다. 따라서 이 경우 목표참조평가가 되며 차시 수업 형성평가, 단원 마무리 평가를 예로 들 수 있다.

준거참조평가의 핵심은 학생의 성취기준이다

앞에서 준거참조평가가 영역 혹은 목표참조평가가 될 수 있다는 것을 알아보았다. 영역참조평가는 영역을 구성하고 있는 전체 지식과 기능 혹은 행동을 고려하여 점수를 해석한다. 실제로 영역 내의 모든 성취기준에 기술되어 있는 지식과 기능 혹은 행동을 고려한다. 그리고 결과 보고 방식으로 정답 백분율, 백분율에 근거한 수준 판정, 분류 혹은 수준과 수행 기술이 사용될 수 있다. 교육과정의 영역별 성취수준은 수준과 수행기술 보고 방식이다.

예를 들어보자. 2015 수학과 교육과정 중학교 함수 영역은 [9수03-01] '순서쌍과 좌표를 이해한다'부터 [9수03-10] '이차함수의 그래프의 성질을 이해한다'까지 총 10개의 성취기준으로 구성된다. 1학년 학습 마무리 시점에서 함수 영역 성취기준 관련 지식, 기능, 태도에 도달한 정도는 5개 성취수준으로 구분된다. 성취수준별 설명은 1학년에서 학습된 함수 영역 성취기준들을 포괄하는 전반적인 특성에 도달한 정도를 기술하고 있다.

이 경우 영역 성취수준이 준거가 되며, 성취수준은 해당 함수 영역을 구성하고 있는 성취기준들과 기준들을 포괄하는 특성의 성취정도에 기초하여 만들어진다. 그럼 2015 개정교육과정에서 제시되어 있는 성취수준과 영역참조평가의 활용 예를 살펴보도록 하자.

Evaluate 중학교 1학년 함수 영역 성취수준

[교육부(2018), 수학 중학교 평가기준 2015 개정교육과정, 34쪽]

성취수준	설 명
A	순서쌍과 좌표, 그래프, 정비례, 반비례 등에 대한 개념을 이해하여 다양한 상황을 그래프로 나타내고, 그래프를 해석하는 문제를 능숙하게 해결할 수 있으며, 실생활에서 정비례, 반비례 관계인 예를 찾아 그 관계를 표, 식, 그래프로 나타낼 수 있다.
B	순서쌍과 좌표, 그래프, 정비례, 반비례 등에 대한 개념을 이해하여 다양한 상황을 그래프로 나타내고, 그래프를 해석하는 문제를 해결할 수 있으며, 실생활에서 정비례, 반비례 관계인 예를 찾을 수 있다.
C	순서쌍과 좌표, 그래프, 정비례, 반비례 등에 대한 개념을 이해하여 표를 그래프로 나타내고, 그래프를 해석하는 문제를 해결할 수 있으며, 정비례, 반비례 관계를 표, 식, 그래프로 나타낼 수 있다.
D	간단한 그래프를 해석하며, 순서쌍과 좌표, 그래프, 정비례, 반비례 등에 대한 문제를 기능적으로 해결할 수 있다.
E	순서쌍과 좌표, 그래프, 정비례, 반비례 등에 대한 간단한 문제를 해결하려고 노력한다.

영역참조평가의 활용 예 - 중1 수학 함수

> 중학교 1학년 마무리 시점에서 함수 영역 평가 후 학생의 영역 성취수준 보고 결과가 'B'라면 위의 영역 성취수준 표를 참조하여 함수 영역의 학습에서 성취하기를 기대하는 지식, 기능, 태도가 무엇이며 학생의 성취정도가 어떠한가를 파악할 수 있다.
> 추가하여 동일 시점에서 확률과 통계 영역 평가 후 동일 학생의 보고 결과가 'D'라면, 교사는 "현재 수학 교과에서 '함수' 영역과 '확률과 통계' 영역 중 학생의 성취가 상대적으로 약하여 추가 학습이 필요한 영역이 확률과 통계이다."라는 학습개선정보를 얻을 수 있다.

　학교생활기록부 학업성적 평가결과 기록을 위한 영역참조평가의 예를 살펴보자. 영역을 구성하고 있는 지식과 기능 혹은 행동이 소수인 경우 전체를 평가할 수 있지만, 다수인 경우 지식과 기능 혹은 행동을 선별하여 검사를 개발한다. 현재는 일제고사를 치르지 않는 초등학교가 대부분이지만 만약 초등학교 수학 2학년 2학기를 하나의 영역으로 간주하고 학기 말 검사를 실시한다면, 학기 전체 6개 단원의 성취기준이 총 15개이므로 이 중 5개의 성취기준을 선별하여 검사를 개발·실시할 수 있다.

　간단한 상황을 위해 5개 성취기준 기반 5문항(문항 당 20점) 검사로 가정해보자. 점수를 정답 백분율(100점 만점의 경우 맞은 개수 × 배점)로 보고한다면 해당 점수는 영역 전체의 기능 혹은 행동의 성취율로 확대 해석할 수 있다. 예를 들어 위 예의 학기 말 검사에서 80점을 받았다면 2학년 2학기 15개 전체 성취기준 중 80%인 12개 성취기준을 학습했다고 확대 해석한다. 여기에서 '확대 해석'이라는 표현의 의미는 점수를 검사가 직접 기반을 둔 5개의 성취기준으로 제한하지 않고, 기반하지 않은 나머지 10개 기준을 포함해 전체 15개 성취기준으로 넓혀서 해석한다는 의미다.

　현재 초등학교에서는 지식 또는 기능 서술 방식으로 진행되지만 만약 위의 중학교 예처럼 3수준 분류를 사용한다면 80점 이상은 A, 60점 이상에서 80점 미만은

B, 60점 미만은 C를 부여할 수 있다. 학생의 수학 2학년 2학기 평가 보고 결과가 A 라면 학생은 전체 15개 성취기준 중 80%(12개) 이상을 학습했다고 해석한다. 여기에서 준거는 평정표가 되고, 평정표는 구성요소인 15개 성취기준과 도달 정도인 성취율에 기초한다. 간단한 상황을 위해 단순 백분율로 수준을 분류했지만 실제로는 훨씬 많은 변수를 고려한다.

이러한 준거참조평가의 장점은 학생들이 무엇을 알고 무엇을 모르는가에 대한 구체적인 정보를 제공한다는 것이다. 예를 들어 영역참조평가는 단원 및 영역의 성취정도를, 목표참조평가는 개별 학습목표 및 성취기준의 도달 정도를 알 수 있다. 이러한 정보는 규준참조평가의 정보에 비해 학생의 교수·학습에 대한 보다 구체적인 정보를 제공한다. 이런 이유로 학생들의 출발점 행동 파악을 통해 교수·학습의 효과를 극대화하고자 하는 진단평가에서는 규준참조평가가 아닌 준거참조평가를 많이 활용한다. 정보가 더 구체적이기 때문이다.

특히 피드백을 중요시하는 평가상황에서는 준거참조평가를 사용한다. 초등학교 학교생활기록부 교과학습발달상황의 세부능력 및 특기사항의 문장별 기술은 대표적인 준거참조평가의 결과 기록이다. 또한 중학교와 고등학교의 5단계 혹은 3단계 성취도 기록도 준거참조평가의 결과 기록이다.

평가에서 피드백이 얼마나 중요한가에 대해서는 앞에서 수차례 강조했다. 교수·학습 도중 수업 개선을 목적으로 하는 형성평가의 목적으로 준거참조평가가 적합한 이유 역시 피드백 때문이다. 준거참조평가의 장점이 학생의 학습 및 미학습에 대한 구체적인 정보에 있기 때문에 준거참조평가에서는 이 정보의 질을 높이는 게 중요하다. 앞에서 말한 영역참조평가와 목표참조평가 모두 준거참조평가이며, 성취기준, 차시 학습목표 등에 기반하여 검사를 개발하고 해석의 준거에 목표가 포함됨을 보았다.

또한 검사를 개발하면서 각 문항이 기반하고 있는 목표에 진술된 지식과 기능 혹은 태도를 평가할 수 있도록 노력한다. 즉 문항이 재고자 하는 내용과 목표와의 부합 정도를 높여야 한다. 예를 들면, 교육과정을 분석하여 성취기준에 부합하는 평가계획 수립하기, 성취기준에 적합한 평가방법 선정하기, 성취기준의 지식·기능·태도를 평가하기 최적의 평가도구 만들기, 평가기준을 참고하여 성취기준 도달 정도를 확인할 수 있는 채점기준 만들기 등의 노력이 필요하다.

준거참조평가의 단점들도 있다.

첫 번째, 준거 설정이 임의적이다. 즉 모든 상황에 적용될 수 있는 절대적인 기준이 없고, 평가자의 주관에 따라 다르게 설정될 수 있다. 학교에서 영역참조평가를 실시하면서 통일된 최소 도달률을 적용하지 않고 각 교사마다 다르게 비율을 정하여 도달 및 미도달을 판정한다면 큰 혼란이 생길 것이다. 따라서 준거참조평가에서 최소 조건이 필요한 경우 전체 평가자들의 합의를 거치는 과정이 필요하다. 현재 고등학교 학업성적 평가결과 기록에서 과목별 성취도는 성취율에 따라 5단계로 부여되는데 각 학교별로 준거가 달라질 수 있다.

두 번째, 준거참조평가는 왜곡 사용 가능성이 존재한다. 이 현상은 특히 평가의 행정적 기능이 강조되는 중등학교에서 발생할 가능성이 크다. 예를 들어, 석차와는 상관없이 90점 이상을 맞아야 A 등급을 맞을 수 있는 시험(준거참조평가)에서 체감 난이도가 낮은 문항으로만 시험을 출제해서 대부분의 학생이 A 등급을 맞을 수 있도록 평가를 왜곡할 수 있다. 아마도 이러한 위험성이 대학입학 전형자료로 사용되는 고등학교 성적에서 과목별 석차등급을 유지하는 하나의 이유일 것이다.

3부

서술형과
논술형 시대를 준비하라

수업의 신뢰도와 타당도를 높이려면 과정을 고민해야 하며, 교육과정과 평가를 통합적으로 연계하는 안목을 가져야 합니다. 또한 단편적인 지식을 제한적으로 측정하는 평가보다 서술형, 논술형처럼 고차적인 학습성과를 측정하는 평가능력을 길러야 합니다. 이제 평가도구의 양호도 검증으로 교사의 교육평가에 대한 철학을 바르게 세워봅시다.

교육평가의 양호도 = 신뢰도 + 타당도

모든 인간이 모든 면에서 동일하다면 구별할 필요가 없을 것이다. 그러나 인간은 신체적, 정의적, 인지적으로 다르므로 뭐가 얼마나 다른지에 관심이 많다. 가시적인 특성은 정의적, 인지적 특성에 비해 상대적으로 구분하기 쉽다. 예를 들어 물리적인 특성인 키, 몸무게 등은 쉽게 구분할 수 있지만 눈에 보이지 않는 특성인 지능, 성격, 흥미, 태도, 성취도 등은 특별한 평가도구가 필요하다.

개인의 비가시적 특성을 간접적으로 측정하기 위한 평가도구는 물리적인 측정과는 달리 무엇을 평가해야 하는지, 어떻게 평가해야 하는지 등이 명확하지 않다는 한계가 있다. 따라서 평가도구를 사용하고 그 결과를 활용하기 위해서는 물리적인 측정과 그 결과의 활용을 위해 요구되는 것보다 훨씬 많은 지식과 경험이 필요하다. 평가도구의 또 다른 문제는 개인의 비가시적 특성의 전체를 재는 것이 아니라 일부분만을 재고 그 결과를 전체로 확대해서 해석한다는 것이다. 앞에서 공부한 영역참조평가를 떠올려보자. 학기 말 시험처럼 시험 범위가 넓은 경우 범위 내의 전체 성취기준 혹은 학습요소 중에 선별하여 시험을 치른다. 그리고 시험 결과를 원래 의도한 전체 시험 범위의 결과로 확대하여 해석한다. 예를 들어, 시험에서 100점을 맞은 학생은 선별된 내용만 충실하게 학습한 것이 아니고 전체 시험 범위의 내용을 충실하게 학습한 것으로 간주하는 것이다.

한계를 가지고 있는 평가도구를 사용하고 그 결과를 활용하기 위해서는 그러한 제약을 얼마나 극복했는가를 검증하는 절차, 다시 말해 평가도구의 질(양호도)을 검증하는 절차가 필요하다. '양호도'란 한마디로 평가도구의 질에 관한 잣대를 의미한다. 모든 평가도구의 질이 우수한 것은 아니다. 질이 나쁜 평가도구에서 얻어진 정보를 사용하면 잘못된 결과가 초래될 수도 있다. 따라서 시험이나 평가를 치른 후 얻어진 정보를 사용하기 전에 해당 평가에서 얻어진 정보의 질을 점검해야 한다. 이는 평가도구의 질을 점검하는 것이고, 다시 양호도를 점검하는 것이다. 양호도는 큰 개념이므로 신뢰도와 타당도로 나누어 살펴본다.

`Evaluate` 신뢰도: 검사점수의 정확성

> 신뢰도가 높은 검사의 점수란 정확한 점수를 의미한다. 무게를 재는 저울과는 달리 직접적으로 측정이 불가능한 인간의 특성을 간접적으로 측정하는 검사점수는 당연히 오차를 가지고 있을 것이다. 학생의 실제 성취정도와 검사점수 사이에는 당연히 어느 정도의 불일치가 있을 것이고, 이 불일치의 정도는 '오차'라고 할 수 있다. 이를 휴대전화에 빗대어서 설명하면 휴대전화를 통해 신호와 잡음이 섞인 소리를 듣는다면, 신호는 학생의 실제 성취정도에 비할 수 있고, 잡음은 오차에 비할 수 있다. 검사점수가 오차가 아닌 실제 성취정도를 보여줄수록 정확하다고 할 수 있다.

> 전화 소리 = 음성 신호 + 잡음
> 검사점수 = 실제 성취정도 + 오차

일반적으로 신뢰성이 있는 사람이란 신의가 있는 사람, 믿을 만한 사람을 칭한다. 그러면 검사점수의 신뢰도가 높다는 것은 무엇을 의미하는 것인가? 먼저, 평가도구만으로는 신뢰도를 가질 수 없고 평가도구를 사용하여 얻은 결과가 신뢰도를 가지는 것임을 확실히 하고 시작하자. 신뢰도란 검사의 특성이 아니고, 검사점수의 특성이라는 것이다. 특정 집단이 특정 검사 상황에서 특정 검사를 치른 후 그 결과 나온 검사점수가 신뢰도를 가지는 것이다. 따라서 신뢰도는 집단, 검사 상황, 검사 자체로부터 복합적으로 영향을 받는다. 검사점수의 신뢰도가 높다는 것은 검사의 결과가 정확하고 동시에 일관적이라는 것을 의미한다.

Evaluate 신뢰도: 검사점수의 일관성

> 검사의 신뢰도란 개인이 동일한 검사를 여러 번 치렀을 때 동일한 점수가 반복해서 얻어지는 일관성을 말한다. 여러 학생으로 확대하면, 동일한 학생 집단이 같은 검사를 여러 번 반복해서 치르고(물론, 반복해서 치르는 기간 동안 기억력, 재학습, 지겨움 등 어떤 요인도 학생들이 가지고 있는 특성을 변화시키지 않는다는 엄청난 가정이 필요하다), 학생들의 점수가 반복된 검사에서 일관적으로 똑같게 혹은 거의 똑같게 나온다면 그 검사는 신뢰할 만하다.

규준참조평가의 신뢰도 개념은 고전검사이론에 근거하고 있다. 고전검사이론은 검사를 실시하여 얻은 관찰점수가 진점수와 오차점수의 합으로 구성되어 있다고 가정한다. 앞에서 검사점수의 정확성을 설명하면서 보인 식을 약간 바꾸면 다음과 같다.

> 관찰점수 = 진점수 + 오차점수
> 검사점수 = 실제 성취정도 + 오차

이 식에서 검사점수는 실제 시험을 치르고 눈으로 드러나는 점수이므로 관찰 가능한 점수, 즉 '관찰점수'가 된다. 그리고 실제 성취정도는 학생의 진실된 실력, 즉 진실된 점수를 의미하며 '진(眞)점수'가 된다. 오차는 눈에 보이는 점수를 진실된 점수와 다르게 만드는 것이므로 '오차점수'라고 할 수 있다. 오차점수가 '0'에 가까울수록 관찰점수는 진점수와 비슷해지고 따라서 검사점수는 보다 정확한 점수가 된다.

Evaluate 진점수를 어떻게 구할 수 있는가?

관찰점수는 주어진 점수이지만 진점수와 오차점수는 알 수 없는 미지의 값이므로 특정 관찰점수에서 고전검사이론 방정식의 해는 무한개가 존재한다. 진점수를 알 수 있으면 이 무한 해의 문제를 해결할 수 있으나 현실적으로 진점수는 알 수 없다.

예를 들어, 90점을 관찰점수로 받은 학생의 진점수는 얼마가 될 수 있는가? 오차점수가 무한개의 값이므로 진점수는 무한개의 값이 된다.

해결을 위한 평가학자들의 방법

동일한 학생이 동일한 검사를 무한 번 반복해서 치른다고 가정한다. 물론 한 번 치른 후 시험에 대한 기억도 사라지고 보완 학습의 기회도 제공되지 않는다고 가정한다. 무한 번 반복해서 치른 후, 해당 학생이 무한 번 + 1번째 치른 검사에서 받을 것으로 기대되는 점수는 얼마인가? 무한 번 반복 검사들에서 얻어진 평균점수가 '무한 번 + 1번째 검사'의 기대점수가 된다. 무한 번 검사들의 평균점수가 바로 학생의 진짜 점수, 진점수가 된다. 검사를 치른 학생들의 진점수를 이용하여 신뢰도를 구할 수 있다. 하지만 당연히 현실에서 이렇게 구할 수는 없기 때문에 학자들은 오랜 기간 이론적으로 신뢰도를 추정하는 방법을 연구해왔다.

다음 '타당도'란 평가도구의 사용 목적 적합성과 신뢰도를 포함하는 개념이라고 할 수 있다. 검사점수가 목적을 위해 얼마나 적합하게 이용될 수 있는지, 검사가 본래 재고자 하는 것을 잘 재고 있는지 등을 보여주는 지표다. 타당도는 검사도구의 양호도를 검증할 때 가장 중요한 잣대가 된다.

학생들의 검사점수를 사용하여 어떠한 결정을 내리고자 할 때는 사용 목적을 기준으로 검사점수가 충분한 타당도를 가지고 있는가가 초점이 된다. 검사점수가 충분한 타당도를 가지고 있음이 증명되지 않는다면, 그 목적을 위해 검사점수를 사용하는 것을 심각하게 고려해야 할 것이다. 목적에 부적합한 검사점수를 사용하는 것은 사용하지 않는 것보다 더 나쁜 결과를 가져올 수 있다. 예를 들어 교장이 학교의 교사들을 불공정하게 평가한 후 그 결과에 따라 상여금을 차등 지급한다면, 차라리 평가 없이 상여금을 균등 배분하는 것이 더 공정할 것이다.

타당도 설명 전에 평가도구 자체가 아니라 평가도구의 결과가 타당도를 가지는 것임을 확실히 하자. 즉, 타당도란 검사의 특성이 아니고 검사점수의 특성이라는 점이다. 이에 더하여 타당도란 있고/없고의 개념이 아니라 높고/낮고의 개념이라는 것도 확실히 해야 한다. 특정 검사점수가 '타당도가 있다'라고 말하기보다는 '타당도가 높다'라고 하는 것이 정확한 표현이다.

신뢰도는 타당도의 필수조건이다. 아무리 목적에 적합한 검사를 개발하기 위해 노력했더라도 최종 검사점수가 오차투성이라면 적합한 정보를 제공한다고 말할 수 없다. 한편 신뢰도가 타당도의 충분조건이 아니라는 것 역시 기억하자. 아무리 오차가 없고 일관성 있는 검사점수라도 목적에 적합하지 않다면 아무 소용이 없다.

다음의 그림은 신뢰도가 타당도를 위한 필수조건이지만 충분조건이 아님을 잘 보여준다. 가운데 그림을 보면 한 지점에 일관되게 적중해 신뢰도가 높지만, 목적한 곳이 정중앙이기 때문에 타당도는 낮다고 할 수 있다.

신뢰도와 타당도의 관계

낮은 신뢰도 · 낮은 타당도　　　높은 신뢰도 · 낮은 타당도　　　높은 신뢰도 · 높은 타당도

　극단적인 예로, 영어 회화능력이 우수한 학생을 선발하기 위해 영어 문법검사를 치렀다면 검사점수의 신뢰도가 0.99라 하더라도 검사점수를 원래의 목적에 사용하는 것을 정당하다고 볼 수 없다. 결국 타당도가 낮은 것이다.

　검사점수가 충분히 높은 타당도를 가지고 있다는 것을 입증하기 위해 여러 가지 증거를 제시하게 되고, 이 증거들을 '타당도 증거'라고 부른다. 타당도 증거는 전통적으로 내용타당도 증거, 준거타당도 증거, 구인타당도 증거로 나눌 수 있다. 구분은 하지만 엄격한 의미에서 보면 타당도는 하나의 개념이고, 타당도가 충분히 높다는 것을 보이기 위해 제시하는 각각의 증거라고 칭하는 것이 정확할 것이다. 항상 모든 경우에 세 가지 타당도 증거를 모두 보일 수 있는 것은 아니다. 각 상황에서 보일 수 있는 타당도 증거만을 보이게 된다. 물론 여러 타당도 증거를 보일수록 타당도는 높아진다.

신뢰도와 타당도가 중요한 이유: 교육평가의 철학

학자들은 점수의 일관성과 서열성이라는 특성을 이용해 신뢰도 값들을 개발했기 때문에 그 값들은 대부분 규준참조평가 상황에 보다 적합하다. 그런데 이전에 비해 교육현장에서 준거참조평가의 가치가 인정받고 있고, 또한 준거참조평가와 관점을 공유하는 과정중심평가가 빠르게 확산되고 있다. 검사의 결과가 일관성을 가져야 한다는 것은 상대적 정보가 중요성을 가지는 규준참조평가뿐만 아니라 절대적인 준거(성취기준)에 비추어 점수를 해석하는 준거참조평가에서도 검사의 양호도를 보기 위한 주요한 잣대다.

규준참조평가에서는 서열이 중요하므로 상대적 서열의 일관성이 신뢰도의 주요한 고려 요인이다. 반면 준거참조평가에서는 분류 결정의 일관성 혹은 정답백분율의 일관성이 신뢰도의 주요 고려 요인이 된다. 평가의 일관성을 고려하는 것은 평가의 실천과 함께 교육평가의 철학을 사유하는 것이다.

앞에서 준거참조평가에서 사용되는 결과 보고 방식으로 정답백분율, 목표 도달 정도(상중하) 분류, 영역 성취정도 분류, 지식 또는 기능 서술 방식을 다루었다. 이 중 목표 도달 정도 분류와 영역 성취정도 분류의 경우 분류 결정의 일관성이, 정답 백분율의 경우 해당 값의 일관성이 중요하므로 2가지 준거참조검사의 신뢰도 값을 살펴보기로 하자.

먼저 분류 결정의 일관성이 중요성을 가지는 경우에 사용할 수 있는 계수로서 일치비율(Percent of Agreement: PA)을 들 수 있다. '일치비율'이란 일관된 의사 결정이 내려진 경우(평가기준의 상-상, 중-중, 하-하 등)가 전체 경우에서 차지하는 비율을 구한 값이다. 절차는 다음과 같다.

Evaluate **일치비율 절차**

1. 준거참조검사 A를 실시한 후 분할 점수, 평가기준, 혹은 단원/영역별 성취수준에 근거하여 통과/비통과, 상/중/하, 혹은 A/B/C로 분류한다.
2. 동형검사 A'를 실시한 다음 (혹은 검사 A를 다시 실시한 다음) 동일한 기준에 근거하여 분류한다.
3. 두 검사 상황에서 일관되게 분류된 비율을 구한다.

동일한 학생들이 동형의 두 준거참조검사(A와 A')를 치른 후, 교사가 평가기준에 근거하여 내린 두 번의 분류 결정이 얼마나 일관적인가를 보기 위해 일치비율을 계산하는 예가 다음 표에 나와 있다.

동형검사 A′ 결과에 따른 수준 분류	검사 A 결과에 따른 수준 분류			합계
	상	중	하	
상	A명(5)	B명(1)	C명(0)	A+B+C(6)
중	D명(1)	E명(5)	F명(1)	D+E+F(7)
하	G명(0)	H명(2)	I명(5)	G+H+I(7)
합계	A+D+G(6)	B+E+H(8)	C+F+I(6)	전체 N(20)

여기에서 일치비율(PA)은 A검사와 A′ 검사에서 모두 상 판단을 받은 A명과 1차시와 2차시에서 모두 중 판단을 받은 E명과 1차시와 2차시에서 모두 하 판단을 받은 I명을 합한 명수가 전체 N(=A+B+C+D+E+F+G+H+I) 명수에서 차지하는 비율을 구한 값이다. 이를 수식으로 보면 다음과 같다. 0.75가 A 검사의 분류의 일치비율이고, 또한 A 준거참조검사의 분류 신뢰도다.

$$PA = \frac{(A+E+I)}{N}$$

$$PA = \frac{(5+5+5)}{20} = .75$$

일치비율은 이해하기 쉽고 계산과 해석도 쉽지만 다음과 같은 단점을 가진다.

첫째, 같은 검사를 두 번 실시하거나 동형검사를 개발해야 한다.

둘째, 완벽하게 일관된 분류 결정의 경우 '1'이 되는 것이 가능하나, 비일관적인 분류 결정의 경우에도 거의 '0'이 되지 않는다. 그 이유는 우연에 의해 일관된 분류 결정이 내려지는 경우도 일치하는 비율에 포함되기 때문이다. 예를 들어, 9명을 무작위로 배치하면 A, E, I 셀에 3명이 우연적으로 배치되고 따라서 일치비율은 0이 아닌 .33이 된다. 우연적인 요인에 의해서 일관된 분류 결정이 내려지는 경우를 배제하고 분류 결정 일관성을 추정하는 지수로 카파(Kappa) 계수가 있다.

준거참조평가에서 정답백분율이 최종 보고 점수로 사용되는 경우는 흔하지 않다. 대부분 정답백분율 점수 체제로 분할점수를 결정하고, 분할점수를 기준으로 분류 결정이 이루어진다. 앞에서 공부한 준거참조평가의 준거 구성을 참조하면 이해에 도움이 될 것이다. 정답백분율 분할점수를 이용했다 할지라도 분류 결정이 이루어졌다면 위에서 공부한 일치비율로 분류 결정의 일관성 정도를 점검할 수 있다.

만약 정답백분율이 최종 보고 점수로 사용되는 상황이라면 상관계수를 바로 준거참조평가의 신뢰도로 사용할 수 있다. 예를 들어, 동일한 20명의 학생들이 동형 준거참조검사 A와 A'를 치르고 각 검사의 정답백분율이 다음의 표와 같을 때 두 정답백분율 목록 간의 상관계수인 0.85를 준거참조검사 A의 신뢰도 값으로 사용할 수 있다. 상관계수를 구하는 구체적인 방법은 이 책에서 다루지 않았다. 필요한 경우 관련 서적을 참고하기 바란다.

Evaluate **두 목록간 상관계수**

	정답백분율						두 목록간 상관계수
	1번 학생	2번 학생	3번 학생	...	19번 학생	20번 학생	
검사 A	80%	90%	75%	...	80%	95%	0.85
검사 A′	75%	85%	75%	...	85%	95%	

객관도는 채점자 내 그리고 채점자 간 신뢰도를 의미한다. 주관식 문항이나 수행형 과제는 기계적 채점이 불가능하고 채점자(대부분의 경우 교사)가 점수를 부여하게 된다. 채점에 채점자의 주관이 작용하지 않을수록 채점결과에 대한 신뢰도가 높다. 한 채점자가 다른 채점자와 얼마나 유사하게 채점했느냐(채점자 간 신뢰도)와 한 채점자가 많은 대상에 대하여 지속적으로 일관성 있게 채점했느냐(채점자 내 신뢰도)로 나누어 생각한다.

채점자 내 신뢰도는 동일한 대상들에 대하여 한 채점자가 여러 차례 부여한 점수들 간의 일치 정도로 확인할 수 있다. 채점자 간 신뢰도는 동일 대상들에 대하여 복수의 채점자가 점수를 부여하고 채점결과가 일치하는 정도를 상관계수 혹은 비율(일치하는 빈도/전체 빈도)로 계산한다. 위에서 공부한 상관계수나 일치비율과 유사한 방법을 적용한다. 예를 들어, 한 번의 준거참조검사를 치르고 복수의 평정자가 동일한 대상들에 대하여 각각 분류결정을 내리고 일치비율을 계산한 후 이를 채점자 간 신뢰도(=객관도)로 사용할 수 있다.

타당도는 내용타당도, 준거타당도, 구인타당도로 나누어 점검한다. 규준참조평가와 준거참조평가에서 동일한 방식으로 타당도를 점검한다는 걸 기억하고, 하나하나 살펴보자.

내용타당도

내용타당도는 검사의 내용이 검사가 목적하고 있는 내용을 대표적으로 그리고 적절하게 재고 있는 정도를 말하며, 준거참조검사에서 특히 중요하다. 내용타당도는 대표성과 관련된 개념이다. 대부분의 검사는 시험을 치고자 하는 범위/영역의 모든 내용을 포함하지 못하고 일부분만을 포함하게 된다. 그리고 부분을 재고 있는 검사를 치른 결과를 범위/영역 전체 내용의 결과로 확대 해석하여 적용한다. 예를 들어, 특정 학기에 습득해야 할 어휘의 수가 200개라도 시험은 이 중 20개를 골라서 치르게 된다. 학생이 이 중 80%인 16개를 맞았다면 교사는 그 학생이 전체 200개의 80% 정도를 습득했다고 해석한다. 다시 말해 검사의 내용이 전체 내용의 표본(sample)이 되는 셈이다. 영역참조평가에서 다룬 확대 해석과 비슷하다. 해당되는 모든 목표에 기반을 두고 개발된 완벽한 목표참조평가에서는 대표성 점검이 필요 없다.

다음, 내용타당도의 적절성을 점검하기 위해 개별 문항이 기반하고 있는 성취기준(학습목표)과 부합되는 정도를 살펴본다. 특히 문항이 기반하고 있는 목표에 진술된 지식과 기능을 제대로 평가하고 있는가를 검토한다. 단서를 이용해서 정답을 추측할 수 있는 문항이나 오해를 일으키는 표현이 포함된 문항은 적절성을 떨어트리므로 주의한다.

Evaluate 내용타당도 점검방법의 예

① 검사가 재고자 하는 범위/영역의 전체 학습 주제 혹은 성취기준/학습목표의 목록을 확인한다.
② 문항 하나하나가 기반하고 있는 주제 혹은 목표에 진술된 지식과 기능을 제대로 평가하고 있는가를 검토하고 부합 정도(예. 적합/약간 부적합/부적합)를 판정한다. (이 단계에서 부적합 문항이 다수인 경우 더 이상의 점검은 의미가 없다.)
③ 문항의 집합인 검사의 내용이 재고자 하는 범위/영역의 전체 내용 혹은 성취기준/학습목표를 충분히 대표하는가를 확인한다. (대표성을 점검하기 위해 이원목적분류표가 활용된다.)

교수타당도(instructional validity)

내용타당도의 부분으로서 검사 내용이 교사가 학생에게 가르친 수업내용과 일치하는 정도를 의미한다.
　① 검사내용이 수업이나 과제에서 다루어진 것과 얼마나 부합되는가.
　② 학생들은 평가된 내용을 배울 기회가 주어졌는가의 질문을 통해 점검한다. 예를 들어, 수업에서 강
　　조한 내용과 검사내용이 일치하는지를 확인한다. 만약 교사가 어떤 학습 주제를 가르칠 때 기본적
　　사실, 용어의 정의 등 사실적 지식 위주의 수업을 하고 시험에서는 해당 지식을 활용하여 산출물
　　을 완성하는 수행평가 과제를 제시했다면 교수타당도가 낮다고 할 수 있다.

　　내용타당도는 통계적 절차가 아니라 내용 전문가(담당 교사)가 전문적 지식 및 경
험에 근거하여 문항과 검사의 적절성과 대표성에 대해 판단한다. 규준참조검사와
준거참조검사에서 내용타당도 점검 과정은 같지만 준거참조검사의 내용타당도가
보다 중요하기 때문에 더 철저하게 점검한다. 충실한 이원목적분류표는 내용타당
도를 위해 큰 도움이 된다. 이원목적분류표의 내용요소를 결정할 때 선정된 내용이
전체 내용을 충실히 대표하도록 노력하고, 검사 문항 하나하나를 개발할 때 이원목
적분류표에 명기된 성취기준/학습목표에 충실하면 최종 검사가 적절성과 대표성
을 가지는 데 큰 도움이 된다.

준거타당도

　　반면 준거타당도는 특정 검사의 점수를 다른 평가도구(준거)의 점수와 비교하여
타당도를 점검하는 방법이다. 예를 들어, 지필검사를 대신하기 위해 컴퓨터 기반
검사를 개발했는데 학생들의 컴퓨터 기반 검사점수와 지필검사(준거) 점수가 거의
똑같다면 이는 컴퓨터 기반 검사를 치르나 지필검사(준거)를 치르나 결과가 비슷하

다는 것을 의미하며, 두 검사 간의 깊은 관련성은 컴퓨터 기반 검사의 준거타당도다.

여기에서 준거란 검사점수와 밀접하게 관련되어 있거나 검사점수로부터 예언하려고 하는 외적변수다. 위의 예에서 컴퓨터 기반 검사의 준거타당도를 위한 준거는 지필검사다. 준거참조검사의 준거와는 완전히 다른 개념이다.

준거타당도의 점검을 위해 목적하는 검사의 점수와 준거의 점수가 얼마나 깊은 관련이 있는가를 수량적으로 나타내기 위해 상관계수를 사용한다. 위의 예에서 100명의 학생들이 컴퓨터 기반 검사와 지필검사(준거)를 치르고 두 검사점수 목록 간에 상관계수로 +0.9가 구해졌다면 이는 두 검사 간에 관련성이 매우 강하다는 것을 의미한다. 높은 관련성은 컴퓨터 기반 검사의 준거타당도가 된다.

준거타당도는 공인(concurrent) 타당도와 예언(predictive) 타당도로 구분할 수 있다. 이 둘을 구분하는 명확한 차이점은 검사의 점수와 준거의 점수가 얻어지는 시간적 간격에 있다. 시간적 간격이 매우 짧으면 공인타당도고, 간격이 매우 길면 예언타당도다. 다른 말로 검사점수와 비교하여 준거점수 자료를 수집하는 시점에 따라 둘로 나누어진다.

먼저, 공인타당도는 이미 양호하다고 인정받은 검사를 준거로 하여 새로 개발한 검사를 타당화하기 위한 용도로 많이 활용된다. 예를 들어, 현재 영어권 나라의 대학에서 공부하기 위해 필요한 영어능력을 재기 위해서 토플(TOEFL) 검사를 사용하고 있는데 새로운 유학영어검사를 개발했다면, 새로운 유학영어검사의 점수가 높은 타당도를 가지고 있음을 입증하기 위한 방법으로 새 검사의 점수와 토플검사의 점수를 비교하는 공인타당도 증거를 사용한다. 같은 학생들이 새로운 유학영어검사와 토플검사를 비슷한 시기에 치르고 이 두 검사점수 간의 상관계수가 충분히 높다면, 이는 새로 개발한 유학영어검사를 사용하든 준거인 토플검사를 사용하든 그 결과에 거의 차이가 없다는 것을 의미한다. 이 경우 새 유학영어검사는 토플 검사를 준거로 하여 공인타당도가 높다고 할 수 있다.

예언타당도는 선발 시험, 입학시험 등에서 중요한 증거가 된다. 관심 있는 검사의 점수(여기에서는 예측도구라고 할 수 있음)와 미래 실제 수행의 적절한 평가결과(여기에서는 준거점수라고 할 수 있음) 사이의 관련 정도를 통해 타당도를 입증하는 것이다. 예를 들어, 대학교에서 학업에 충실할 수 있는 신입생을 선발하기 위해 입학검사의 점수를 사용하는 경우, 입학검사의 점수와 입학생들의 대학교에서의 학업성적(준거점수) 간 상관계수가 높다면, 이는 입학검사의 점수가 학생들의 대학 학업 충실도에 대한 예측도구의 역할을 충실히 수행한다는 것을 보여주는 것이며, 이 경우 입학검사는 대학교 학업성적에 대한 예언타당도가 높다고 할 수 있다. 다음 그림은 동일한 검사의 준거타당도라도 어떠한 시점의 준거를 사용하느냐에 따라 공인타당도와 예언타당도로 달라질 수 있음을 강조하기 위한 예다.

Evaluate 공인타당도와 예언타당도

2020년 5월 23일 수학 중간고사 점수 (검사점수)	공인타당도 ⇨	2020년 5월 30일 수학 전국 학력고사 점수 (준거점수)
2020년 5월 23일 수학 중간고사 점수 (검사점수)	예언타당도 ⇨	2020년 11월 21일 (예상) 수학 대학수학능력시험 점수 (준거점수)

구인타당도

마지막으로 구인타당도를 보자. 교육에서 거의 모든 검사는 각기 구인을 측정하기 위해 만들어진다. 예를 들어 지능검사의 구인은 지능이다. 그러나 검사의 명칭이 특정 구인을 포함했다고 해서 그 검사가 구인을 타당하게 측정한다고 확신할 수는 없다. 여기에서 '구인'이란 직접 측정하거나 관찰하는 것이 불가능한 인간의 인지적, 심리적 특성을 칭한다. 예를 들어 지능, 문장 독해력, 수학 문제해결력, 도덕성, 불안감을 들 수 있다. 구인은 가설적 개념이므로 반드시 간접적으로 관찰되거나 측정되어야 한다. 그러나 지능검사라는 이름이 붙어 있다고 해서 그 검사가 실제로 지능을 100% 완벽하게 측정하고 있다고 단언할 수 없기 때문에 지능검사가 진정으로 지능이라는 구인을 제대로 측정하는가를 경험적인 증거를 통해 확인해야 할 필요가 있다. 따라서 구인타당도란 검사가 재고자 목적하고 있는 구인을 실제로 재고 있는 정도를 말한다.

구인타당도는 3가지 타당도(내용, 준거, 구인타당도) 증거 중 핵심이라고 할 수 있는데, 검사가 재고자 하는 것을 실제로 재고 있다는 것을 보여주는 증거이기 때문이다. 검사점수가 목적한 것을 실제로 보여준다고 확신할 수 없을 때, 그 검사점수를 사용하여 의사결정을 내리는 것은 위험하다. 예를 들어, 기초학력능력 진단검사를 개발하여 실시한 후 해당 검사의 낮은 점수는 기초학습능력이 부족함을, 높은 점수는 기초학습능력이 충실함을 보여준다는 것을 확신할 수 없는 상황에서 기초학습능력 진단검사점수를 이용하여 학생의 후속학습 여부를 결정하는 것은 위험하다. 그래서 평가결과를 활용할 때 타당도를 고려하는 것은 평가의 정당성을 성찰하는 것이라고 볼 수 있는 것이다.

① 검사가 재고자 하는 구인을 충분히 재고 있는가를 점검한다. 예를 들어, 환경오염에 대한 검사를 치르면서 수질오염에 관해서만 물어본다면 대기오염, 토양오염 등은 물어보고 있지 않으므로 검사점수는 재고자 목적하는 구인을 충분히 재고 있다고 말하기 힘들다.

② 재고자 목적하지 않거나 혹은 부수적인 능력이 검사점수에 영향을 미치는가를 점검한다. 예를 들어, 수학 문제해결능력을 측정하기 위해 문장제 문제로 이루어진 수학검사를 시행하는데 문장제 문제를 풀기 위해 적정 수준 이상의 국어 능력이 요구된다면 이는 목적하지 않았던 능력이 검사점수에 영향을 끼치게 되는 것으로서 구인타당도에 악영향을 준다.

문항의 일관성을 체크하라

검사점수의 신뢰도가 높다는 것은 검사의 결과가 정확하고 동시에 일관적이라는 것을 의미한다고 앞에서 말했었다. 학자들은 물리적으로 신뢰도를 측정할 수 없다는 현실적인 한계 앞에서 이론적으로 신뢰도를 추정하는 방법을 연구해왔다. 여러 방법 중 가장 대표적인 것은 개별 문항의 일관성을 이용하여 전체 검사의 일관성을 계산하는 방법이다. 이러한 방법을 '문항 내적 일관성 신뢰도'라고 부른다.

문항 내적 일관성 신뢰도는 검사를 구성하는 개별 문항들이 재고자 하는 특성을 얼마나 일관성 있게 재고 있는가를 이용하여 검사의 신뢰도를 추정하는 방법이다. 검사가 단일한 기본적 특성을 일관성 있게 측정하고 있다면, 한 문항을 맞춘 사람은 다른 비슷한 문항을 맞출 가능성이 높다고 가정할 수 있다. 다시 말하면, 검사 내의 문항들은 서로 관련되어 있거나 혹은 상관되어야 하고 내적으로 서로 일관성을 가져야 한다.

문항 내적 일관성 신뢰도는 문항 하나하나를 독립적으로 보고 각 문항들이 일관되게 동일한 능력을 측정하고 있는 정도를 수치화하는 방법이다. '검사가 단일한 특성을 측정하고 있다면, 한 문항을 맞춘 사람은 다른 비슷한 문항을 맞출 가능성이 높다고 가정할 수 있다'가 기본 아이디어다. 대표적으로 KR20, KR21, α계수가 있다. 전 세계적으로 상당 기간 α계수를 신뢰도로 사용해왔으며, 자료에서 신뢰도라고 할 때 대부분은 α계수 신뢰도를 의미한다.

Evaluate **문항 내적 일관성 신뢰도**

KR20

: 문항 점수가 0과 1일 때 신뢰도를 추정하는 공식이다.

KR21

: 문항 점수가 0과 1이거나 부분점수가 있을 때 사용하며, 모든 문항의 난이도가 동일하다고 가정한다.

α계수

: 가장 광범위하게 사용되는 신뢰도 추정 공식이다. 검사에 포함된 문항들이 동일한 특성을 일관되게 측정하고 있는가의 정보를 제공한다. α계수는 Cronbach(1951)가 처음 개발하여 Cronbach α라고도 불린다. 계산공식을 적용하는 데 시간이 많이 소요되기 때문에 대부분 컴퓨터 프로그램을 사용한다.

$$\text{알파계수} = \left[\frac{\text{문항수}}{\text{문항수-1}} \right] \times \left[1 - \frac{\text{각 문항의 분산의 합}}{\text{전체검사점수의 분산}} \right]$$

예를 들어, 4명의 학생 집단이 5문항의 검사를 치렀다. 준서의 경우 5개 문항을 모두 맞추었고, 나연의 경우 4번에 오답을 하고 나머지 4개 문항을 맞추었다. 4명이 치른 5문항 검사의 α계수 신뢰도는 얼마인가?

	1번	2번	3번	4번	5번	총점수
준서	1	1	1	1	1	5
민석	1	0	0	0	1	2
가은	1	1	1	0	0	3
나연	1	1	1	0	1	4
평균	1	0.75	0.75	0.25	0.75	3.5
분산	0	0.1875	0.1875	0.1875	0.1875	1.25

1단계: [각 문항 분산의 합÷ 전체 검사점수의 분산] 구하기

　　[0 + 0.1875 + 0.1875 + 0.1875 + 0.1875 = 0.75]÷1.25 = 0.6

2단계: 1 − 1단계 결과값 : 1 − 0.6 = 0.4

3단계: 문항수 ÷ [문항수 −1] 구하기 : 5 ÷ [5−1] = 1.25

4단계: 3단계 결과값 × 2단계 결과값: 1.25 × 0.4 = 0.5

따라서 4명이 치른 5문항 검사의 α계수 신뢰도는 0.50이다.

α계수 공식에서 3단계인 문항수÷[문항수 − 1]의 값은 언제나 1보다 크거나 같다. 해당 요소는 뒤 2단계 결과값을 키워주는 역할을 한다. α계수 신뢰도에 주요 영향을 주는 부분은 뒤 괄호 부분이다. [각 문항 분산의 합÷전체 검사점수의 분산이 작을수록 뒤 괄호 부분(즉, 2단계 결과값)이 커진다.

규준참조평가의 대표적 신뢰도 계수인 α계수에 영향을 주는 요인은 문항수, 난이도, 변별도 등의 검사 관련 요인과 피험자 집단 관련 요인으로 나눌 수 있다. 먼저, 검사 관련 요인은 다음과 같이 살펴볼 수 있다.

첫째, 검사의 길이다. 모든 조건이 동일하다면, 검사의 문항이 많을수록 검사의 신뢰도는 높아진다. 추가되는 문항의 질이 이전 문항의 질과 동등해야 하고, 학생들이 추가되는 문항을 풀 때 지겨워하거나 피곤하게 받아들이면 안 된다.

둘째, 검사 내용의 범위다. 검사가 재고자 하는 내용이 좁은 범위의 내용일 때 문항들이 동질성을 가지며, 검사의 문항들이 동질일수록 신뢰도는 증가한다. 예를 들어, 다른 조건이 동일할 때 독해력 30문항으로 구성된 영어검사의 신뢰도가 독해력 15문항과 듣기능력 15문항으로 구성된 영어검사보다 신뢰도가 높다.

셋째, 검사를 구성하는 문항의 변별도다. 능력이 높은 학생은 문항을 맞추기 쉽고, 능력이 낮은 학생은 문항을 틀리기 쉬운 것이 바람직한 문항일 것이다. 검사를 구성하는 문항의 변별도가 높을수록 이러한 문항들의 집합인 검사의 신뢰도는 증가한다. 이 현상은 α계수 신뢰도가 규준참조평가에 적합하며 규준참조평가에서는 변별력이 가장 중요하다는 점을 떠올리면 이해하기 쉬울 것이다.

넷째, 문항의 난이도다. 문항의 쉽고 어려운 정도를 문항의 난이도로 나타내는데, 일반적으로 문항의 난이도(문항을 맞은 학생 수의 전체 학생 수에 대한 비율)가 중간 정도일 때(비율이 .40에서 .80 정도일 때) 문항의 변별도가 증가한다. 너무 어려운 문항은 능력이 높은 학생이나 낮은 학생이나 모두 틀리고, 너무 쉬운 문항은 대부분의 학생이 맞게 되어 두 경우 모두 변별도가 낮아진다. 문항의 난이도는 변별도에 직접적으로 영향을 주고 변별도가 증가하면 신뢰도가 증가하게 된다. 즉, 중간 난이도 문항들에서 변별도가 높아지는데, 검사를 구성하는 문항들의 변별도가 높아지면 해당 검사의 신뢰도가 높아진다.

다섯째, 가능점수 범위다. 상이한 점수가 나올 수 있는 범위를 가능점수 범위라고 하는데, 가능점수 범위가 클수록 신뢰도가 증가한다.

피험자 집단의 특성은 다음과 같이 살펴볼 수 있다.

첫째, 집단의 이질성 부분이다. 피험자 집단의 개인별 능력차가 클수록 신뢰도가 높아진다. 따라서 능력범위가 제한된 집단에서는 능력범위가 큰 집단에 비해 신뢰도가 낮아질 가능성이 높다. 예를 들어, 능력수준이 비슷비슷한 학생들이 모여 있는 우수반 학생들을 대상으로 추정한 신뢰도는 능력수준의 차이가, 큰 학생들이 모여 있는 일반 학급의 학생들을 대상으로 추정한 신뢰도보다 낮아진다. 이 현상도 규준참조검사의 변별력을 떠올리면 이해하기 쉬울 것이다.

둘째, 검사 요령의 차이 부분이다. 일부 학생은 검사 치르는 것에 익숙하고 다른 학생은 익숙하지 않아서 실수를 저지른다면 이는 일종의 오차로 작용하고 검사점수의 정확성을 떨어뜨리므로 신뢰도가 떨어진다.

셋째, 동기유발의 차이 부분이다. 일부 학생은 검사를 진지하게 열심히 치르고 다른 학생은 관심을 가지지 않고 치른다면 이도 일종의 오차로 작용하고 결국 신뢰도를 떨어뜨린다.

평가문항을 어떻게 개발할 것인가?

학교에서 이루어지는 평가의 대략적인 절차는 평가계획 → 출제계획 → 평가도구개발 → 시행 → 채점 → 평가결과 기록 및 제공 → 피드백이다. 평가도구개발 단계에서 문항을 개발하는데, 이원목적분류표에서 지정한 성취기준, 내용 영역, 행동 영역을 준수해야 한다.

평가도구는 크게 선택형(진위형, 선다형, 연결형), 서답형(단답형, 서술형, 논술형), 수행평가로 나눌 수 있다. 이 중 선택형과 서답형을 묶어서 지필평가로 분류할 수 있다. 교사별 수시평가를 강조하는 현실에서도 선택형은 여전히 활용 가능성이 높은 문항유형이며, 선택형 문항의 지식과 제작 능력은 서답형 문항과 수행평가 과제의 공부 및 제작을 위한 기초가 된다. 참고로 지필평가의 분류는 교육부 훈령과 2015 개정교육과정에서 다르게 사용되는데(한국교육과정평가원 연구자료 ORM 2018-39-7), 이 책에서는 학문적 분류를 존중하여 선택형과 서답형을 지필평가로 분류한다.

지필평가의 도구 개발 절차는 다음과 같다. 선택형의 경우 4번째 단계인 '예시 답안 및 채점기준표 작성'이 생략되고, 5번째 단계에 있는 '채점기준표'도 생략된다.

Evaluate 지필평가의 도구개발절차

[한국교육과정평가원 홍보자료 PIM 2014-7, 창의인성교육을 위한 학생평가 어떻게 할까요?, 16쪽]

```
학기별 평가계획을 고려하여 지필평가 출제계획 수립
        ↓
출제계획에 따라 이원목적분류표 초안 작성
        ↓
성취기준과 행동 영역을 고려하여 평가 문항 초안 작성
        ↓
서술형, 논술형 문항의 예시답안 및 채점기준표 작성
        ↓
평가 문항 및 채점기준표 검토 및 수정
        ↓
지필평가 도구 확정 및 이원목적분류표 최종 작성
```

지필평가 문항은 크게 선택형과 서답형으로 구분된다. 선택형은 주어진 답지에서 학생이 정답을 선택하는 문항유형이고, 서답형은 학생이 답을 구성하여 적어 넣는 문항유형이다. 선택형 중 객관식 문항이란 이름으로 흔하게 사용되어 온 진위형, 선다형, 연결형 문항과 서답형 중 단답형 문항의 특성과 문항제작 원리를 살펴보고자 한다.

선택형 문항과 객관식 문항이라는 용어는 교환적으로 사용되기도 한다. 스티긴스(Stiggins, 1994)는 선택형 문항의 채점방법이 서답형 문항에 비해 객관적인 것이지 문항이 측정하는 내용이 객관적인 것이 아니라는 점을 강조하기 위해 객관식 문항이라는 말보다는 선택형 문항이라는 말을 선호했다. 이 책에서도 이러한 논리로 '선택형 문항'이라는 용어를 사용하고자 한다. 선택형과 서답형 문항을 정리하면 다음과 같다.

Evaluate 선택형 문항과 서답형 문항

선택형 문항	서답형 문항
진위형 문항	완성형과 단답형 문항
선다형 문항	서술형 문항
연결형 문항	논술형 문항

진위형 문항

먼저 진위형 문항은 제시된 진술문이 맞는지 틀리는지, 진술문에 동의하는지 않는지를 선택하는 문항유형으로서 교실에서 흔하게 사용된다. 정답과 하나의 오답을 가진 특수한 형태의 선다형 문항으로 생각할 수 있는데, 일반적으로 진위형 문항은 특정 사실의 진술, 용어의 정의, 원리의 서술 등의 진위 여부를 판별하는 능력을 측정하기 위해 사용된다.

진위형 문항의 장점을 살펴보면 다음과 같다.

첫째, 진위형 문항은 문항제작이 용이하다. 하나의 문장으로 문항이 완성되므로 문항제작에 필요한 시간과 노력이 상대적으로 적다. 간혹 문항 제작자가 교과서나 기타 참고서적의 문장을 약간 변형하여 진위형 문항을 개발하는 경우가 있는데, 너무 뻔해서 대부분의 학생이 정답을 바로 알 수 있거나 혹은 너무 모호해서 우수한 학생도 혼동하기 쉬우니 주의해야 한다.

둘째, 실시 시간이 짧아서 많은 내용을 측정하는 것이 가능하다. 제한적인 검사로 학생들이 배운 모든 내용을 측정한다는 것은 매우 어렵다. 따라서 학생들이 배운 전체 내용 중 부분적인 내용을 발췌해 시험으로 치르고 그 결과로 학생들이 전체 내용에 대해서 얼마나 성취했는가를 판단하게 된다. 예를 들어, 초등학교 사회과에서 '지역의 위치와 특성' 단원을 공부하고, 배운 내용 전체가 아닌 부분의 성취를 재고자 하는 문항들을 개발해 검사를 치르고, 그 검사에서 높은 점수를 받으면 '지역의 위치와 특성' 단원의 전체 내용에 대한 성취도가 높다고 판단하게 되는 식이다. 문항을 많이 개발해 검사를 치를수록 검사 결과에 근거하여 전체에 대해 내리는 판단이 정확해지기 때문에 많은 내용을 측정할 수 있다는 것은 진위형의 장점이 된다.

셋째, 진위형 문항은 채점을 빠르고 객관적으로 할 수 있다. 가장 흔하게 꼽히는 진위형 문항의 장점이다.

이번에는 진위형 문항의 단점을 자세히 보자.

첫째, '고등사고능력'으로 불리는, 상대적으로 복잡한 인지능력을 측정하기 힘들다. 교과서나 참고서적의 문장을 거의 그대로 사용해 문항를 만들면 십중팔구 학생들의 암기능력을 측정하게 되고, 이는 결국 학생들의 암기 공부를 조장하게 된다. 물론 고등사고능력을 측정하는 진위형 문항을 개발하는 것이 불가능한 것은 아니지만, 다른 유형의 문항(예, 선다형 문항)으로 그러한 능력을 측정하는 것이 보다 효율적이고 또한 적합하다.

둘째, 진위형은 추측에 영향을 많이 받는다. 단순하게 생각해도 추측만으로 두 문항 중 한 문항을 맞출 수 있다. 진위형 문항은 추측에 영향을 심하게 받기 때문에 검사점수의 신뢰도를 높이려면 상대적으로 많은 수의 문항을 개발, 시행해야 한다는 단점이 있다.

셋째, 학생이 답을 틀렸을 때 무엇 때문에 오답을 했는지에 관한 정보를 얻기가 매우 힘들다. 다음과 같은 진위형 문항을 보자.

● $1 + 2 \times (3 + 4) = 15$　　(　○　)

이 경우 '×'라고 답했다면, 이 학생이 셈하기를 전혀 못 하는지, 덧셈을 못 하는지, 곱셈을 못 하는지, 덧셈·뺄셈·곱셈·나눗셈의 계산순서를 모르는지, 괄호가 있는 식의 계산순서를 모르는지 파악할 길이 없다. 이러한 이유로 수학에서 진위형을 사용하는 경우는 매우 드물다.

넷째, 학생들이 진위형 문항을 풀 때 각자의 특정한 반응 패턴을 가질 수 있다. 예를 들어, 어떤 학생은 진위를 판단하기 힘들면 무조건 '참'으로 답할 수 있다. 따라서 여러 개의 진위형 문항을 개발할 때는 참과 거짓이 정답이 되는 경우가 균형적으로 있는 것이 바람직하다.

선다형 문항

선다형 문항은 선택형 문항 중 가장 활용도가 높은 것으로, 복수의 답지가 제시되고 그중 맞는 답지 혹은 가장 적합한 답지를 선택하는 형태의 문항이다. 선다형 문항은 단순한 능력(암기능력)을 요구하는 내용부터 복잡한 능력(적용능력)을 요구하는 내용까지를 측정하기에 적합하고, 대부분의 교과에서 사용하기에 무리가 없으며, 채점이 용이하고 객관적이기 때문에 대부분의 표준화 검사에서는 선다형 문항이 주로 사용된다.

선다형의 장점을 보자.

첫째, 선다형 문항은 여러 수준의 능력과 다양한 교과에서 사용할 수 있다는 장점이 있다.

둘째, 선다형 문항 안에 정답지와 오답지가 모두 들어 있고 그중 참을 고르게 함으로써 문항의 모호성을 줄일 수 있다. 문항이 모호하여 우수한 학생들을 혼동하게 만들 수 있는 진위형과 달리 선다형에서는 그런 일이 덜 일어난다.

셋째, 최선답형 문항을 사용할 수 있다. 즉, '절대적으로 참'인 것을 선택하는 문항뿐 아니라 '주어진 답지 중 가장 참'인 것을 선택하는 문항을 만들 수도 있다. 여기에서 '가장'의 의미는 주어진 답지들 내에서 정답 가능성이 있는 것이 복수일 때 그중 가능성이 가장 높은 것을 택하면 된다는 것이다. 학생들이 배우는 여러 내용 중에는 절대적 참 혹은 거짓으로 판명하기보다는 상대적으로 참의 정도가 다르다고 판단하는 것이 알맞은 경우가 많다.

넷째, 선다형 문항은 답지의 수기 늘어남으로써 추측의 영향이 줄어든다. 또한, 문제를 틀렸을 때 학생이 어느 오답지를 선택했는가에 따라 무엇 때문에 문제를 틀렸는지를 파악할 수 있는데, 이러한 정보는 학생의 학습 지도에 귀중한 도움이 된다.

물론 단점도 있다.

첫째, 선다형 문항은 여러 수준의 능력을 측정할 수 있기는 하지만 실제 상황에서 문제를 해결하거나, 도구를 조작하거나, 산출물을 만들어내는 등 직접적인 수행을 요구하는 능력을 측정하기는 어렵다. 따라서 이러한 능력을 측정하기 위해서는 수행평가를 사용하는 것이 바람직하다.

둘째, 선다형 문항은 매력적인 오답지를 개발하는 데 많은 시간과 노력이 필요하다. 선다형 문항의 오답지는 재고자 하는 능력을 가지지 못한 학생이 정답을 선택하지 못하게 하는 기능을 한다. 즉, 능력이 없는 학생이 보았을 때 정답인 것처럼 보이는 매력을 가지고 있어야 한다는 것이다. 매력적인 오답지를 개발하는 데는 많은 기술과 수고가 들어간다.

연결형 문항

연결형 문항은 진위형과 마찬가지로 초등교실에서 편리하고 흔하게 사용되는데, 일련의 설명목록과 선택목록을 배열하여 서로 관계되는 것을 찾아 연결하는 문항 형태라서 '배합형'이라고 부르기도 한다. 연결형 문항은 두 가지 내용의 연관성에 대한 지식을 측정하는 데 적합하다.

장점은 다른 선택형 문항과 마찬가지로 채점이 용이하고, 유사한 사실을 비교하고 구분하는 능력을 측정하기에 적합하다는 것이다.

단점은 다른 선택형 문항과 비교하여 문항을 제작하는 데 많은 시간이 필요하다는 것, 설명목록의 내용과 선택목록의 내용이 각 목록 내에서 동질적이지 않을 경우 학생이 정답을 쉽게 알아낼 수 있다는 것, 대체로 단순한 사실을 물어봄으로써 고등정신능력보다는 단순 암기능력을 측정하는 경향이 있다는 것을 들 수 있다.

평가문항의 제작원리를 이해하라

　　선택형의 경우 평가도구개발 단계에서 성취기준과 행동 영역을 고려하여 평가 문항 초안을 작성하고 평가 문항을 검토·수정한 후 바로 지필평가도구를 확정하게 된다. 작성된 이원목적분류표에 의거하여 성취기준과 행동 영역을 고려하여 지필검사 문항 초안을 작성하고 검토·수정하는 법을 살펴보자. 다음은 사회과 초등학교 5학년 1학기 평가를 위한 간단한 형태의 이원목적분류표의 한 부분이다. 여기서 '간단'이라고 말한 의미는 NEIS의 이원목적분류표 양식을 따르지 않고 교사가 자기 참조를 위해 다소 단순한 양식을 사용한다는 뜻이다.

초등학교 5학년 1학기 사회과 이원목적분류표 초안

내용 영역	행동	지식	이해	적용	분석	합계
국토와 우리 생활 〈우리 국토의 인문환경〉	[6사01-05] 우리나라의 인구 분포 및 구조에서 나타난 변화와 도시 발달 과정에서 나타난 특징을 탐구한다.		v			2
	[6사01-06] 우리나라의 산업 구조의 변화와 교통 발달 과정에서 나타난 특징을 탐구한다.		v			

Evaluate 초등학교 5학년 1학기 사회과 이원목적분류표 최종

번호	내용요소 및 성취기준	행동 영역				난이도			배점	정답
		지식	이해	적용	분석	상	중	하		
1	국토와 우리 생활 [6사01-05] 우리나라의 인구 분포 및 구조에서 나타난 변화와 도시 발달 과정에서 나타난 특징을 탐구한다.		v				v		**	**
2	국토와 우리 생활 [6사01-06] 우리나라의 산업 구조의 변화와 교통 발달 과정에서 나타난 특징을 탐구한다.		v				v		**	**

출제자의 이원목적분류표 초안에 의하면, 사회 5학년 1학기 '국토와 우리 생활'에 해당되는 6개의 성취기준(6사01-01 ~ 6사01-06) 중 출제자의 평가 목적에 부합되는 성취기준으로 [6사01-05]와 [6사01-06]이 선정되었다. 두 성취기준에는 모두 '이해' 행동 영역이 부합된다.

▣Evaluate▣ 이원목적분류표의 작성 초점

교사는 이원목적분류표 초안을 작성하면서 '국토와 우리 생활'의 6개 성취기준을 검토하고 검사의 목적상 우선적으로 도달 여부를 확인할 필요가 있는 성취기준을 선택한다. 그리고 해당 성취기준에서 요구하는 인지능력에 부합되는 행동 영역을 선택한다.

두 성취기준의 동사를 살피면 '탐구한다'로서 학생이 특징을 정리해서 발표하거나 표현하는 기능을 요구하고 있다. 따라서 행동적 수행을 요구하는 발표 평가 혹은 보고서 평가 등의 수행평가가 선택형에 비해 성취기준상의 기능을 평가하는 데 보다 적합하다. 그러나 현재는 지필평가 문항 개발 학습을 위해 선택형 문항을 통해 해당 성취기준의 도달 여부/정도를 확인하는 것으로 한다.

출제자는 선정된 두 개의 성취기준의 내용과 행동 영역을 준수하여 해당 성취기준의 도달 여부/정도를 확인하기 위한 실제 문항을 개발한다. 출제자는 '국토와 우리 생활' 단원에서 평가할 성취기준 중 하나로 [6사01-05] '우리나라의 인구 분포 및 구조에서 나타난 변화와 도시 발달 과정에서 나타난 특징을 탐구한다'로 성취기준을 선정하고 해당 성취기준의 도달 여부/정도를 확인하기 위한 문항의 초안을 작성한다. 문항의 초안 작성 후 부족한 부분을 보완하여 다음과 같이 수정 문항을 완성한다. 문항의 초안 작성과 검토 과정에서는 선다형 문항 제작 시 유의 사항을 참고한다.

원칙1	교사의 문항 출제 의도가 학생에게 정확히 전달되어야 한다.
①	문항은 쉬운 용어로 간결하고 분명하게 서술한다. 예를 들어, 질적인 표현(예. 꽤, 거의, 약간)보다는 정확한 수량적 표현(예. 3번에 1번, 일주일에 3시간)을 사용한다.
②	복잡한 어구의 배열을 피한다. 특히, 종속절이나 조건이 많이 붙은 복합문이나 긴 문장의 사용은 피한다.
③	불필요한 자료나 도입 부분의 사용은 피한다.
④	한 개의 문항이 평가하는 내용의 범위를 좁게 설정한다. 답지들 간에 어느 정도 연관성이 존재할 때 문항이 평가하고자 하는 내용이 명확해진다.

원칙2	평가내용에 대한 학습이 부족한 학생이 운이나 요령으로 문제를 맞힐 수 있는 경우를 줄여야 한다.
⑤	지문과 답지 간 문법적 구조가 주는 단서에 주의한다.
⑥	지문의 말과 답지 간 언어적 연상이 주는 단서를 배제한다.
⑦	가능한 모든 답지가 비슷한 길이가 되도록 한다. 가장 긴 답지가 가장 짧은 답지의 1.5배가 넘지 않도록 한다.
⑧	'바르게 짝지어진 것' 형태의 문항에서 답지 배열의 논리성이 주는 단서를 배제한다.

원칙3	가능한 단순암기가 아닌 고등인지능력을 평가한다.
⑨	문항의 내용이 '상투적인 관계'를 다루면 기계적 암기를 조장한다.
⑩	교과서 혹은 참고서적의 진술이나 문구를 그대로 가져와서 정답지로 사용하지 말아야 한다.
⑪	용어의 정의나 개념을 묻는 질문에서는 지문에서 용어를 질문하고 답지에 용어의 정의나 개념을 나열한다.

Evaluate 선다형 문항의 개발 및 수정과정

[성취기준 6사01-05] 우리나라의 인구 분포 및 구조에서 나타난 변화와 도시 발달 과정에서 나타난 특징을 탐구한다.

구분	문항 내용
초안 문항	Q. 다음 우리나라의 산업발달에 대한 설명으로 올바르지 않은 것은 무엇인지 고르시오. (정답 ②) 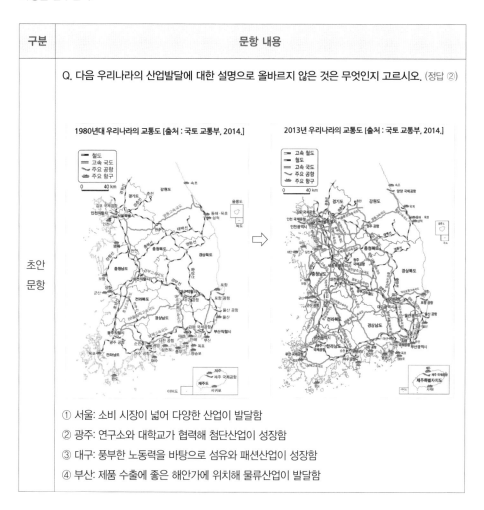 ① 서울: 소비 시장이 넓어 다양한 산업이 발달함 ② 광주: 연구소와 대학교가 협력해 첨단산업이 성장함 ③ 대구: 풍부한 노동력을 바탕으로 섬유와 패션산업이 성장함 ④ 부산: 제품 수출에 좋은 해안가에 위치해 물류산업이 발달함

구분	문항 내용
수정 문항	Q. 다음 우리나라의 교통발달에 대한 설명으로 올바르지 않은 것은 무엇인지 고르시오. (정답 ④) 1980년대 우리나라의 교통도 [출처 : 국토 교통부, 2014.]　　2013년 우리나라의 교통도 [출처 : 국토 교통부, 2014.] ① 새로운 교통시설이 등장했다. ② 항구나 공항의 수가 더 늘어났다. ③ 과거에 비해 고속국도가 더 많이 늘어났다. ④ 과학과 기술이 발달하여 첨단 산업이 성장했다.
수정 이유	제시된 교통도 삽화와 문항 간 관련성을 높이기 위해 문항의 초점을 산업발달에서 교통발달에 대한 설명으로 수정함 세부 문항에 대한 내용을 지역별 발달 산업의 주요 특징에서 교통도를 비교했을 때 달라진 점을 중심으로 수정함

평가문항의 특성을 고려하라

　　서답형 중 완성형과 단답형 문항은 학생들이 단어, 구 혹은 절, 수 혹은 기호를 써넣게 하는 문항유형으로서 용어의 정의나 의미를 질문하거나 수리계산 문제에 많이 사용된다. '창의인성교육을 위한 학생평가 어떻게 할까요?'에서는 다음과 같이 완성형과 단답형을 구분하고 예를 들고 있다.

Evaluate　**완성형과 단답형의 구분**

[한국교육과정평가원(2014), 창의인성교육을 위한 학생평가 어떻게 할까요?]

문항유형	정의
완성형	문장이나 글의 일부를 빈칸으로 비워 놓고 단어, 숫자, 기호 또는 문장을 넣어 완성하게 하는 문항
단답형	제시된 질문에 관하여 한두 단어나 구, 숫자, 수식, 그림 등 제한된 형태로 대답하게 하는 문항

완성형 문항	**[서답형 3]** ㉠, ㉡에 들어갈 내용을 쓰시오. 일부 개발도상국이 안고 있는 인구 문제 중 하나는 ㉠ _____ 이/가 불균형하다는 것이다. ㉠ _____ 은/는 여자 인구수에 비해 남자 인구수가 어느 정도인지를 나타내는 비율로, 여자 100명에 대한 남자의 수로 정의한다. 그래서 그 계산식은 '(남자의 수÷여자의 수)×100'이다. 예를 들어 인도와 같이 남아 선호 사상이 있는 나라는 ㉠ _____ 이/가 100보다 ㉡ _____ . 이러한 현상이 심화되면 그 나라는 안정적인 인구 구조를 유지하기 어렵다. ㉠ ( ) ㉡ ( )
단답형 문항	**[서답형 5]** 다음은 봉숭아 줄기를 이용한 실험 과정이다. ㈎ 붉은 잉크를 탄 물이 들어 있는 삼각 플라스크에 봉숭아 줄기를 하루 동안 담가 둔다. ㈏ 줄기를 가로로 얇게 잘라 현미경 표본을 만들고 현미경으로 관찰한다. 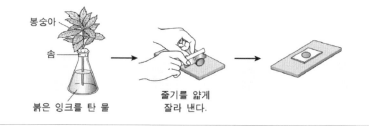 ⑴ 이 실험 결과 붉게 물드는 부분을 아래의 그림에 빗금(▨)으로 표시하시오. 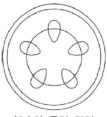 봉숭아 줄기 단면 ⑵ 야외에서 자라는 식물의 빗금(▨) 친 부분으로 이동하는 물질을 두 가지 쓰시오.

완성형과 단답형 문항의 가장 큰 장점은 학생들이 실제로 무엇인가를 써넣어야 하기 때문에 추측의 영향력을 없앨 수 있다는 것이다. 물론 학생이 자기 나름대로 응답을 써넣는 것을 막을 수는 없다. 또한, 서술형 및 논술형 문항에 비해 채점이 객관적이며, 학생의 문장력이 점수에 영향을 주는 것을 막을 수 있다.

그러나 완성형과 단답형 문항은 단순한 암기능력을 측정하는 경우가 되기 쉽다는 단점도 있다. 특히 교과서나 참고서적에 있는 진술이나 문구를 그대로 출제한다면 십중팔구 학생들의 암기를 조장하는 결과를 가져온다. 따라서 문항개발자는 교과서나 자료에 제시된 문구를 그대로 사용하기보다 문항의 진술을 새롭게 구성해야 한다. 또한, 선택형 문항에 비하여 채점이 힘들다는 단점도 있다. 사전에 정확한 정답을 무엇으로 할지 명확히 해야 하는데 이 과정에서 동의어 문제, 철자법의 오류를 어느 정도까지 허용할지 등까지 충분히 고려한다. 그래야 채점 시 야기될 수 있는 논란을 최소화할 수 있다.

완성형 및 단답형은 학교의 공식적 평가와 교사별 수시평가에서 빈번하게 사용되는 문항유형이다. 서술형 및 논술형에 비해 채점이 상대적으로 용이하지만 예상 밖의 어려움이 생길 수도 있다. 문항을 개발하면서 예시 정답을 고민해야 한다.

Evaluate **단답형 문항채점의 어려움**

[한국교육과정평가원, 2011년 학업성취도평가 6학년 국어]

【서답형 4】 <자료>의 밑줄 친 낱말을 내용에 맞게 고쳐 쓰시오.

———— <자 료> ————

호기심은 작은 것에서 시작되지만 미래를 바꿀 수 있는 놀라운 힘이 있다. 지금 우리가 누리고 있는 풍요로운 삶은 호기심을 가지고 세상을 탐구한 ㉠원인이다. 그러니 작은 일에도 호기심을 갖자. 궁금한 점을 하나하나 ㉡감추면 행복한 삶을 열어 갈 수 있을 것이다.

㉠원인 → _____   ㉡감추면 → _____

위 문항의 대영역은 '쓰기', 중영역은 '표현', 평가내용은 '알맞은 낱말을 선정하여 정확하고 바르게 쓰기'다. ㉠ 원인 → _____ 의 정답으로 결과, 결실, 결말, 업적, 실적, 공적, 성과, 공로를 제시하고 있다. 그런데 어떤 학생이 '덕분'이라고 답을 했다면 정답으로 인정할 것인가?

이러한 단답형 문항을 제작할 때는 다음과 같은 사항에 유의해야 한다.

첫째, 한 단어 혹은 짧고 한정적인 진술이 정답이 되도록 한다. 질문을 막연하게 하면 논리적 정답이 여러 개가 나올 수 있다.

나쁜 문항: 2차 세계대전이 끝난 때는 (　　　)이다.
좋은 문항: 2차 세계대전이 끝난 연도는 (　　　)이다.

둘째, 물어보고자 하는 것을 직접적으로 질문한다. 직접적으로 물어보는 경우가 간접적으로 물어보는 경우보다 무엇을 답해야 하는지가 보다 명료해지기 때문이다.

나쁜 문항: 위 글의 주인공에 관해서 어떻게 생각하는가?
좋은 문항: 위 글의 주인공의 성격 유형은 (　　　)이다.

셋째, 주요한 단어만 삭제한다. 너무 많은 부분을 삭제하면 처음에 의도했던 내용과 달라질 수 있다.

나쁜 문항: 선다형 문항의 채점은 일반적으로 (　　　)문항의 채점보다 (　　　)이다.
좋은 문항: 선다형 문항의 채점은 일반적으로 (　　　)문항의 채점보다 객관적이다.

넷째, 계산을 요구하는 문항이라면 계산의 정확성 정도(소수 셋째 자리에서 반올림 등)와 사용되는 단위(예, 원, 시간, 리터 등)를 지시한다. 더불어 정답이 어떠한 단위에 의한 수일 때는 답을 적을 부분에 단위를 미리 표기해주는 것이 바람직하다.

다섯째, 완성하기 형태에서는 가능하면 빈칸(혹은 괄호)이 끝부분에 오도록 진술한다. 이렇게 하는 것이 어색한 문장을 방지하는 데 도움이 된다. 또 빈칸(혹은 괄호) 바로 뒤에 조사를 붙일 경우에는 조사가 정답을 암시하지 않도록 주의해야 한다.

검사개발을 어떻게 할 것인가?

    학교에서 이루어지는 평가의 대략적인 절차는 평가계획 → 출제계획 → 평가도구개발 → 시행 → 채점 → 평가결과 기록 및 제공 → 피드백이다. 학교는 형편에 따라 학년 단위 혹은 학기 단위로 평가 횟수 및 영역, 평가시기 등을 포함하여 평가계획을 수립한다. 또한 수립된 평가계획에 근거하여 구체적인 출제계획을 세우고, 계획에 따라 평가도구를 개발하여 시행한 후 그 채점결과를 활용하고 있다. 평가도구개발을 중심으로 검사개발의 절차를 보면 다음과 같다.

Evaluate **검사개발의 절차**

① 검사의 목적을 분명히 하기
② 무엇을 검사할지 명확하게 하기
③ 이원목적분류표 작성하기
④ 실제 문항 개발 및 검사지 개발

출제계획은 검사의 목적을 분명히 하는 것에서 시작한다. 어찌 보면 당연한 말처럼 들리지만 목적을 분명히 하지 않고 개발한 검사는 최종 결과의 양호도가 높아지기 힘들다. 검사의 목적이 무엇인가에 따라서 검사의 유형(규준참조검사 혹은 준거참조검사 등)이 결정되고, 그 결정에 따라 검사개발 시 유의해야 하는 사항들이 바뀐다. 또한 최종적으로 검사결과의 양호성을 판단하는 준거도 바뀔 수 있다. 예를 들어, 학기 초에 수업전략을 세우기 위해 학생들이 전 학기에 배운 내용을 얼마나 숙달했는지를 파악하고자 검사를 실시한다면, 이러한 검사는 대부분 규준참조검사보다는 준거참조검사가 된다.

규준참조검사에서는 능력이 높은 학생과 능력이 낮은 학생을 구별하여 상대적 우열을 가리는 것이 가장 중요하고, 준거참조검사에서는 검사가 성취기준, 학습목표 등의 절대적인 준거에 진술된 지식과 기능을 충실하게 재는 것이 가장 중요하다. 따라서 규준참조검사를 개발할 때는 상대적 우열을 가리는 능력인 변별력을 높이는 것에 노력이 집중되고, 준거참조검사를 개발할 때는 준거와 문항의 부합 정도를 높이는 데 노력이 집중된다. 한 번에 두 마리 토끼를 잡을 수 없듯이, 어느 한쪽에 노력을 기울이면 다른 쪽은 소홀할 수밖에 없다. 하나의 검사가 질 높은 규준참조검사도 되고 질 높은 준거참조검사가 되기란 매우 힘들다. 결국 검사의 목적을 분명히 하여 어떤 유형의 검사를 개발해야 하는지를 결정하고, 결정된 유형의 검사의 질을 높이기 위해 노력을 집중하는 것이 최상의 선택이다.

검사개발의 원리를 이해하라

　검사의 목적을 확정한 후에는 검사를 통해 무엇을 측정할 것인가를 명확히 해야 한다. 검사에서 측정하고자 하는 내용을 성글게 기술할 수도 있고 상세하게 기술할 수도 있는데, 어떻게 기술해야 하는가는 검사의 유형과 직접적으로 관련되어 있다. 규준참조검사의 경우 집단 내의 상대적 서열이 중요하므로 측정하고자 하는 내용을 대강 설정할 수 있다. 그러나 준거참조검사의 경우에는 학생의 성취정도를 사전에 설정된 성취기준 혹은 학습목표에 근거하여 확인하게 되므로 성취기준 혹은 학습목표가 그대로 측정하고자 하는 내용이 된다. 따라서 성취기준을 명료하게 기술하는 것이 매우 중요해진다. 그래야만 학생의 평가결과에 따라 성취기준 도달 여부 혹은 도달 정도를 확인할 수 있기 때문이다.

　예를 들어, 수학과 초등학교 4학년 1학기 전체를 범위로 하여 규준참조검사를 치른다면 '큰수, 각도, 곱셈과 나눗셈'처럼 단원을 단위로 하고 '10000 이상 큰 수에 대한 자릿값과 위치적 기수법, 예각과 둔각의 구별, 나누는 수가 두 자리 수인 나늦셈의 계산 원리'처럼 일종의 학습 내용을 측정하고자 하는 평가 내용으로 사용할 수 있다. 그러나 동일한 검사 범위를 준거참조검사로 치른다면 '10000 이상 큰 수에 대한 자릿값과 위치적 기수법을 이해하고, 수를 읽고 쓸 수 있다. 각과 직각을 이해하고, 직각과 비교하는 활동을 통하여 예각과 둔각을 구별할 수 있다'처럼 상세한 성취기준이 평가 내용이 된다. 앞에서 설명한 것처럼 성취기준이 매우 많은 경우 선정하는 과정이 필요하고, 영역참조평가의 형태가 될 것이다.

성취기준은 '무엇을 가르칠 것인가'뿐만 아니라 '학생이 학습을 통해 어떠한 능력을 갖추어야 하는가'를 보여주는 역할을 한다. 예를 들어, 영어과의 한 성취기준이 '일상생활이나 친숙한 일반적 주제의 글을 읽고 줄거리, 주제, 요지를 파악할 수 있다'라면, 교사는 다양한 읽기 전략을 활용하여 학생이 글의 주제와 요지를 찾아낼 수 있도록 지도해야 한다. 지도가 이루어진 후에는 학생들이 필요한 능력을 갖추었는지를 평가해야 하는데, 이때 성취기준은 검사에서 무엇을 측정해야 하는가를 보여주는 역할을 하게 된다. 읽기 검사를 통해 성취기준에서 할 수 있기를 기대하는 능력을 학생이 갖추었는가를 확인한다. 이 과정을 요약하면 다음과 같다.

Evaluate **성취기준의 역할**

성취기준 분석		성취기준 근거한 교수 · 학습		성취기준 도달 정도 평가
일상생활이나 친숙한 일반적 주제의 글을 읽고 줄거리, 주제, 요지를 파악할 수 있다.	⇨	다양한 읽기 전략을 활용하여 주어진 글의 주제와 요지를 찾아내는 활동 중심의 수업	⇨	주어진 글을 읽고, 읽기 전략을 활용하여 글의 줄거리, 주제, 요지를 파악하는 문제를 통한 성취기준 도달 정도 확인

특히 학생들에게 가르치고자 하는 내용이 목표의 형태로 설정되고, 목표를 중심으로 교수·학습이 이루어지고, 학생이 설정된 목표를 얼마나 잘 성취했는가를 평가하고, 목표 도달 정도를 개인에게 송환(피드백)시켜주는 것은 교수·학습의 향상을 위해 큰 도움이 된다. 이처럼 목표는 평가와 교수·학습을 연계시키는 중요한 역할을 한다. 이때의 '목표'는 앞에서 보인 성취기준, 학습목표를 대표하는 용어다.

그런데 이런 목표가 불명료하게 기술되면 목표의 도달 여부 혹은 정도를 평가하기가 무척 어려워진다. 예를 들어, '덧셈과 뺄셈을 잘한다'라는 목표가 있다면 수업이 이루어진 후 평가를 통해 목표의 성취 여부를 판단하는 것이 매우 임의적이다. 교사마다 '잘한다'의 판단 잣대가 동일하지 않기 때문이다. 따라서 목표가 평가와 교수·학습을 연계시키는 역할을 충실히 감당하기 위해서는 명료하게 기술되는 것이 중요하며, 특히 준거참조검사에서 명료화된 목표 진술은 필수적이다. 명료화된 목표의 진술을 위해서는 다음의 조건이 고려되어야 한다.

첫째, 교사의 행동이 아닌 학생의 행동으로 기술되어야 한다. 즉, 학생에게 기대되는 행동변화의 방향과 수준이 목표의 초점이 되어야 한다. 예를 들어, '최대공약수를 구하게 한다'라는 목표보다는 '최대공약수를 구할 수 있다'로 기술되어야 한다.

둘째, 수업시간 중이나 단원의 학습 도중에 나타나는 학생 행동을 강조하기보다 수업시간이나 학습단원이 끝났을 때 나타날 수 있는 학생의 변화된 행동과 관련되어 기술되어야 한다. '말할 주제를 인식한다'보다는 '말할 주제에 알맞은 내용을 선정하여 말할 수 있다'로 기술되어야 한다.

셋째, 학습할 지식의 내용과 학습 후 기대되는 학생의 최종 행동을 동시에 기술해야 한다. 필요한 경우 최종 행동의 조건이 포함될 수 있다. '최소공배수'보다는 '두 수의 최소공배수를 구할 수 있다'로 기술되어야 한다.

넷째, 기르고자 하거나 변화시키고자 하는 능력(성취기준의 기능에 해당함)에 따라 포함되는 동사의 형태가 달라야 한다. 동일한 지식 내용이라도 기르고자 하는 능력이 달라지면 동사가 달라지는데, 예를 들어 목표하는 능력이 블룸(Bloom)의 인지능력 중 이해 능력이라면 '그래프를 해석한다'로 기술되지만 적용 능력이라면 '그래프를 그린다'로 기술되어야 한다.

다섯째, 눈에 드러나지 않는 불명확한 동사보다는 행동으로 나타나는 명료한 동사를 사용해야 한다. 예를 들어, '공공 기관의 종류와 역할을 인식한다'라는 목표가 있다면 평가를 통해 과연 학생이 인식하는지 못 하는지를 판단하기가 매우 힘들다. 그러나 이 목표를 '공공 기관의 종류와 역할을 조사한다'로 바꾸면 학생이 실제로 조사활동을 할 수 있는지 여부를 판단하기가 더 쉬워진다. 다음은 불명확한 동사와 명료한 동사의 예들이다.

동사의 구분

Evaluate 불명확한 동사	명료한 동사
안다, 이해한다, 깨닫는다, 인식한다, 의미를 파악한다, 즐긴다, 믿는다, 감상한다 등	쓴다, 암송한다, 지적한다, 구별한다, 열거한다, 비교한다, 대조한다, 찾아낸다, 진술한다, 적용한다 등

물론 정의적, 심동적 영역은 인지적 영역에 비해 목표를 확실하게 정리하는 것이 어렵다. 예를 들어, 초등학교 미술과 3, 4학년 감상 영역의 [4미03-04] '미술 작품을 감상하는 올바른 태도를 알고 작품을 소중히 다룰 수 있다'처럼 명료성이 떨어지는 목표를 설정할 수도 있다. 그러나 가능한 목표를 명료하게 진술하는 것이 평가와 교수·학습을 연계시키는 데 도움이 된다.

교사가 만드는 검사개발의 마침표, 이원목적분류표

이원목적분류표란 출제계획을 명시화한 표로, 평가도구 개발 단계에서 문항 제작자는 이를 기반으로 문항을 출제하게 된다. 검사가 재고자 하는 바를, 문항이 어떤 내용을 측정하는가를 보여주는 내용 요소와 그 내용을 어느 인지능력 수준에서 측정하는가를 보여주는 행동요소로 나누어 보여줌으로써 문항 개발을 위한 지침을 제공한다. 공식적으로는 주로 나이스(NEIS) 이원목적분류표를 활용한다.

나이스 이원목적분류표를 보면 내용 요소로 내용 영역과 성취기준 그리고 행동 요소로 행동 영역을 포함하고 있다. 예시 표에 따르면 지식, 이해, 적용 인지능력을 측정하는 문항이 각 6문항씩 출제되며 난이도별로 어려움, 보통, 쉬움 문항이 각 5개, 7개, 6개씩 출제된다.

이러한 이원목적분류표는 검사의 목적에 적합한 검사도구를 개발하는 데 도움이 된다. 예를 들어, 한 학기 동안 학습한 전체 내용 중 기초 필수적인 성취기준의 도달 정도를 평가하여 필수적인 성취가 부족한 학생을 선별하여 보충 학습을 제공하고자 하는 경우, 이원목적분류표 작성을 통해 평가의 특정 내용 영역에 불균형적으로 문항이 몰려 있거나 블룸(Bloom) 인지능력 수준의 상위 수준 능력(나이스 이원목적분류표의 경우 행동영역 적용과 난이도 어려움)을 요구하는 문항이 필요 이상으로 많이 포함되었는지 등을 검토할 수 있다.

Evaluate 나이스 이원목적분류표

[한국교육과정평가원(2016b), 학생의 성취도 파악을 위한 평가결과 분석 이렇게 하세요 – 개정판]

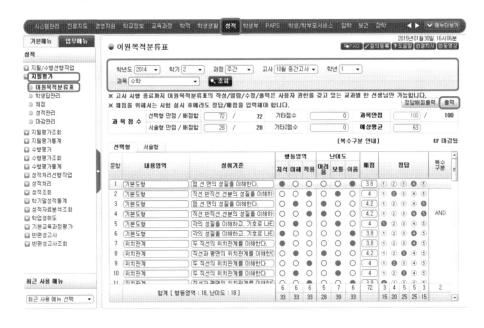

이원목적분류표의 행동요소는 문항이 측정하고자 하는 인지능력의 수준을 보여주는데, 많은 경우 인지적 영역을 측정할 때는 블룸의 교육목표분류학의 분류 체계에 근거한다. 블룸은 인지능력의 수준을 지식, 이해, 적용, 분석, 종합, 평가로 분류했으며, 능력은 '단순한 정신능력'으로부터 '복잡한 고등 정신능력'으로의 단계

가 있다고 보았다. 즉, '지식'이라는 지적 행위가 가장 단순한 인지능력을 요구하고 '평가'라는 지적 행위가 가장 복잡한 고등능력을 요구한다고 보았다. 각각의 능력을 살펴보면 다음과 같다.

Evaluate 블룸의 교육목표분류학

분류	설명	행동동사(예시)
지식	재생에 의하여 학습된 내용을 기계적으로 기억해내는 능력	정의하다, 기술하다, 찾아내다, 짝짓다
이해	자료나 기호, 용어 등의 의미를 파악하는 능력	변환하다, 설명하다, 예시하다, 추론하다
적용	과거에 학습한 자료나 내용을 새로운 구체적인 사태에 사용할 줄 아는 능력	계산하다, 응용하다, 분류하다, 관계 짓다
분석	자료를 구성 부분으로 분해하고 부분 간의 관계와 그것이 어떻게 조직되는가를 발견하는 능력	세분하다, 구별하다, 비교하다, 분리하다
종합	여러 가지 요소나 부분을 어떤 하나의 구조나 형태로 결합하는 능력	병합하다, 조직하다, 도출하다, 개발하다, 제안하다
평가	특정한 목적을 위해 사용된 자료나 방법의 가치를 판단하는 능력	판단하다, 토론하다, 평가하다, 결정하다, 주장하다

이원목적분류표를 개발하면서 어떤 유형의 문항을 사용하여 성취기준의 도달 정도를 측정할 것인가를 결정해야 한다. 위에서 예시로 보인 분류표에서는 첫 번째 성취기준 '점, 선, 면의 성질을 이해한다'의 도달 정도를 측정하기 위해 5지 선다형 문항을 사용했다. 많은 경우 성취기준의 행동 동사를 확인하면 문항유형을 결정할 때 도움이 된다. 예를 들어, 작성하다, 개발하다, 조사하다 등의 동사가 사용되었다

면 학생의 특정한 수행(행위 혹은 산출물)을 요구하는 것이고 따라서 선택형 문항보다는 서술형, 논술형, 수행평가가 적합할 것이다.

각 문항유형은 제작의 용이성, 채점결과의 객관성, 채점의 용이성, 변별력, 효율성, 고등 사고능력 측정 가능성 면에서 상대적 장단점을 가지고 있다. 예를 들어, 서답형 문항은 선다형 문항에 비하여 채점에 많은 시간과 노력이 들어가지만 고등사고능력을 측정하기에 더 적합하다. 또한 문항유형을 결정할 때는 현실적 제약을 충분히 고려해야 한다. 예를 들어, 전국단위의 학업성취도검사처럼 대규모 검사에서 서답형 문항을 채점하는 것이 실무적으로 힘들다면, 서답형 문항을 선택하지 않는 것이 현명하다. 따라서 검사의 목적과 현실적 제약을 고려하여 성취기준의 내용과 행동을 측정하기에 가장 적합한 문항유형을 선택하여 사용한다.

이원목적분류표를 개발하기 위해서는 문항의 개수를 사전에 결정해야 한다. 몇 개의 문항을 출제할 것인가는 대부분 검사시간에 의해 결정된다. 정상적인 속도로 문제를 풀 때 검사를 치르는 학생 대부분이 모든 문제를 시도할 수 있도록 하는 것이 합당할 것이다. 정해진 시간 안에 학생들이 풀 수 있는 문항의 수는 문항유형, 문항을 풀기 위해 요구되는 능력의 복잡성, 학생의 문제 푸는 습관 등에 복합적으로 영향을 받는다. 따라서 정해진 시간에 학생들이 몇 문제를 시도할 수 있을 것인가를 파악하기 위해서는 비슷한 유형과 수준의 문항을 비슷한 학생들에게 실시해본 경험이 필수적이다.

이원목적분류표를 기준으로 시험문제를 만들어라

　실제 문항과 검사지는 완성된 검사 계획서를 기준으로 개발된다. 문항 개발 시 가장 중요한 고려 사항은 이원목적분류표를 얼마나 충실히 따르는가이다. 실제 문항과 검사지를 개발할 때 고려해야 할 사항은 다음과 같다.

　첫째, 문항의 기록 및 보관에 관한 고려사항이다. 문항 개발은 일 회로 완성되지 않고 수차례의 검토 및 수정을 통해 이루어진다. 전통적으로 문항카드를 사용하여 문항을 개발해왔는데, 문항카드는 문항의 내용 및 특성 등을 기록한 용지로서 문항들을 보관하고 문항에 대한 정보를 제공하는 기능을 담당한다. 컴퓨터 사용이 일반화되면서 컴퓨터를 통해 문항을 개발하고, 제작된 문항을 컴퓨터에 보관하고, 다시 컴퓨터를 사용해 보관된 문항들을 선택, 조합하여 검사지를 완성하는 것이 보편화되고 있다.

　둘째, 문항의 점검에 관한 고려사항이다. 아무리 철저한 노력을 기울여 만든 문항이라 하더라도 여러 번의 검토와 수정 없이는 질 높은 문항이 될 수 없다. 여기에서 질이 높다는 것은 이원목적분류표상의 내용 요소(NEIS 이원목적분류표의 경우 내용 영역과 성취기준)와 행동요소(NEIS 이원목적분류표의 경우 행동영역)를 문항이 적절하게 재고 있다는 뜻이다.

[Evaluate] 문항검토 시 고려해야 할 세부사항

> ① 문항을 풀기 위해 필요한 능력이 이원목적분류표상의 내용요소(내용 영역 및 성취기준)와 행동요소(행동 영역)에 부합되는가?
> (단일 문항으로 성취기준 도달 여부/정도를 판정한다고 가정할 때, 해당 문항에 정답을 한 학생은 성취기준에 도달했다고 판단할 수 있어야 하며 평가기준을 사용한다면 정(오)답을 한 학생의 성취기준 도달 정도(상중하)를 판정할 수 있어야 한다.)
> ② 문항의 내용이 모호하거나, 부적절한 용어가 있거나, 어색한 문장이 있지 않은가?
> ③ 문항이 필요 이상으로 장황하지 않은가?
> ④ 여러 전문가들이 정답을 정답으로 인정할 것인가?
> ⑤ 문항유형에 따른 문항 제작원리가 지켜졌는가?
> ⑥ 문항이 특정 학생들에게 편파적으로 유리하지 않은가? 예를 들어, 영어 읽기 능력 검사에서 스포츠에 관한 읽기 지문을 사용한다면 여학생들보다 남학생들에게 유리할 가능성이 있으며, 이는 문항이 편파성을 가진 것이다.

셋째, 검사지 개발에 관한 고려사항이다. 문항 개발 및 검토가 끝나면 학생들이 치르게 될 검사지를 만든다. 검사지를 만들기 위해서는 문항들을 배열하고 지시문을 포함시켜야 한다. 복수의 문항유형이 사용된 경우라면 먼저 각 문항유형별로 묶고 진위형, 연결형, 선다형, 서답형의 순으로 제시하는 것이 바람직하다. 각 문항유형 묶음 내에서는 다시 이원목적분류표상의 행동 영역별로 묶거나 혹은 난이도별로 묶고, 복잡한 인지능력을 요구하거나 어려운 문항 묶음을 뒤에 제시하는 것이 바람직하다. 이렇게 하면 학생들은 문제를 풀 때 동일한 인지능력을 연속적으로 사용함으로써 검사에 집중하기가 쉽고 초반에 어려운 문제를 만나서 사기가 떨어진다거나 많은 시간을 초반에 사용하여 뒤에 나오는 쉬운 문제를 풀 시간이 없다거나 하는 상황을 피할 수 있다. 내용·영역별로 문항을 묶는 건 특별한 경우에, 예를 들어 사회과 역사시험에서 시대별로 문항을 묶는 경우 등에 도움이 될 수 있다.

학생들이 시험을 치르기 위한 지시사항은 구두로 전달되거나 검사지에 담을 수 있다. 양자의 경우 모두 다음의 사항을 포함하고 있거나 모든 학생들이 각 사항에 대해 동일한 이해를 하고 있어야 한다.

Evaluate 시험을 치르기 위한 지시사항

① 검사의 목적
② 검사를 치르는 데 허락된 시간: 일반적으로 학생들에게 문제를 풀 수 있는 충분한 시간을 주는 것이 바람직하다. 그러나 어느 정도의 시간이 필요한지를 결정하기 위해서는 문항유형, 학생의 나이 및 발달 정도, 재고자 하는 능력의 복잡성 등을 종합적으로 고려해야 한다.
③ 답을 하는 근거: 진위형, 선다형 등은 '가장 적절한 답을 고르시오'처럼 간단하지만, 서답형 문항은 보다 자세한 설명이 필요하다. 학생들이 어리거나 혹은 익숙하지 않은 유형의 문항이 있다면 견본 문항을 제시하는 것이 바람직하다.
④ 답을 표시하는 절차: 검사지에 직접 답을 할 수도 있고 별도의 답안지를 사용하여 답을 표시할 수도 있다. 이에 대한 명료한 설명을 검사지에 포함하는 것이 바람직하다. 특히 OMR 답안지를 사용하는 경우는 보다 자세한 설명이 포함되어야 한다.
⑤ 서답형 문항의 경우 채점의 근거: 학생들이 응답을 기술해야 하는 서답형 문항은 무엇을 근거로 채점을 할 것인지를 학생들에게 알려주는 것이 바람직하다. 예를 들어, 수학교과의 그래프를 작성하는 문제를 풀기 위해서 식을 도출하고, 답을 계산하고, 그래프에 표시해야 한다면, 문항의 채점은 '식 도출, 계산, 그래프에 표시'라는 3가지 요소에 근거하여 이루어진다는 것을 학생들에게 알리는 것이 바람직하다.

결국 평가의 핵심은 서술형과 논술형이다

지필평가의 도구 개발 절차를 참조하면 학교에서 서술·논술형 문항을 개발하기 위해서도 선택형과 동일한 절차를 따라야 한다는 것을 알 수 있다. 물론 비공식적인 평가, 예를 들어 교사별 수시평가의 경우 공식 절차를 따를 필요는 없지만 약식 이원목적분류표 작성 → 문항 초안 작성 → 예시답안 및 채점기준표 작성의 단계를 따를 것을 권장한다.

서술·논술형 문항을 풀려면 학생은 정답 하나를 고르는 것이 아니라 직접 답을 서술해야만 한다. 다양한 응답이 정답이 될 수 있는 상황에서 직접 응답을 구성해야 하며, 대부분의 경우 응답은 한두 개의 단어, 구 혹은 절, 수 혹은 기호처럼 짧은 형태가 아니라 꽤 길다. 따라서 응답의 정확성과 질은 기계적으로(OMR 판독기) 판단할 수 없고 교과 전문가(교사)만이 판정할 수 있다. 결국 서술·논술형 문항은 교사의 평가전문성이 필요하다는 뜻이다.

객관식 문항도 그렇지만 좋거나 나쁜 서술·논술형 문항이 존재한다. 양질의 서술·논술형 문항은 학생이 지식을 조직하고, 통합하고, 종합하도록 한다. 또한 처음 접해보는 상황에서 문제를 풀기 위해 정보를 사용하도록 하거나, 창의적 문제 해결을 요구함으로써 복잡한 인지적 기능을 측정한다. 이에 반해 나쁜 서술·논술형 문항은 학생에게 교과서나 참고서적, 혹은 수업에서 배운 정보를 단순히 기억해 낼 것을 요구한다. 이보다 더 나쁜 서술·논술형 문항은 학생이 문항을 맞추기 위해서 무엇을 어떻게 해야 하는지 자체를 알 수 없도록 한다. 능력과 관계없이 학생이 문항을 여러 번 읽어도 뭘 어떻게 하라는 것인지 파악할 수 없는 경우다.

서술·논술형 문항에 부여된 응답의 자유(freedom of response)는 서술·논술형 문항의 장점이자 단점이 된다. 응답의 자유란 응답자가 쓰고 싶은 응답을 마음껏 쓸 수 있다는 의미다. 심지어 '시험 준비를 충실히 하지 못해 죄송합니다'라는 답안을 본 적도 있다. 응답의 자유는 복잡한 사고능력(개념화하고, 구성하고, 조직하고, 통합하고, 연계하고, 비교 평가하는 능력 등)을 측정하는 것을 가능하게 하지만 그만큼 채점은 힘들어진다. 아마도 서술·논술형 문항의 채점이 객관식 검사의 채점처럼 쉽고 객관적이 된다는 것은 불가능할 것이다. 이러한 응답의 자유는 있고 없고의 개념이 아니고 정도의 개념으로 볼 수 있는데, 응답의 자유가 보다 많이 부여된 서답형 문항을 논술형 문항으로, 보다 적게 부여된 서답형 문항을 서술형 문항으로 볼 수 있다.

Evaluate ## 서술형과 논술형의 차이

[한국교육과정평가원(2014), 창의인성교육을 위한 학생평가 어떻게 할까요?]

문항유형	정의
서술형	비교적 짧은 길이(한 단락 이하의 문장형태)로 답을 작성하는 방식이다. '단순한 사실의 나열 및 설명'을 포함하는 것이므로 답안을 작성하는 데 있어 조직력이나 표현력이 크게 요구되지 않고, 채점할 때 어느 정도 객관적인 정답(모범답안)이 존재하는 문항 **서술형 문항의 예)** 북반구에서 고기압의 바람 방향과 저기압의 바람 방향을 비교하여 설명하시오.
논술형	비교적 길게(한 단락 이상으로 구성된 글로) 답을 작성하는 방식이다. 학생 '자신의 생각이나 주장'을 창의적, 논리적으로 작성해야 하므로 조직력이나 표현력이 요구되며, 객관적인 정답이 존재하지 않으므로 채점할 때 교사의 주관적이고 전문적인 판단이 필요한 문항 **논술형 문항의 예)** 〈자료 1〉과 〈자료 2〉를 통해서 알 수 있는 인터넷 사용의 문제점을 제시하고, 현대사회에서의 바람직한 인터넷 문화에 대해서 논하시오.

　　두 유형의 차이는 분량, 답안 작성 시 조직력과 표현력의 필요성, 채점할 때 주관성의 정도로 정리할 수 있다. 논술형 문항은 논리적 특성을 점수화하게 되는데 초등학교에서 국어교과를 제외하고 글의 논리적 특성을 점수화해야 하는 상황은 흔하지 않다. 논리적 특성을 점수화 한 평가의 예로서 공립 초등학교 교사 임용후보자 선정 경쟁시험의 교직 논술을 들 수 있다. 2017학년도의 경우 논술 시험 총 15점 중 5점이 논술 체계로 배정되었다.

분량[1점], 맞춤법 및 원고지 작성법[1점], 글의 논리적 체계성[3점]

앞에서 지필평가 개발을 위해서는 성취기준을 고려해야 한다는 것을 다루었고, 형성평가를 설명하면서 피드백이 성취기준 혹은 학습목표와 연관되어야 함을 강조했다. 교육과정상의 성취기준을 살펴보면 수업을 통해 학생들이 도달하기를 기대하는 내용(지식)과 능력(기능)으로 논리성, 조직력, 표현력을 포함하지 않는 경우가 대부분이다. 따라서 학교의 평가에서 논술형보다는 서술형의 사용 빈도가 훨씬 높다.

그럼 언제 서술·논술형 문항을 사용할까? 일단 효율적이고, 채점이 쉽고, 객관적인 선택형 문항을 사용하는 것이 우선적인 선택이고, 선택형 문항으로는 목적하는 내용과 능력을 재는 것이 힘든 경우에 서술·논술형 문항을 사용한다. 물론 단순한 암기능력을 측정하기 위해 서술·논술형 문항을 사용하는 우를 범하는 검사 개발자는 없을 것이다. 그러나 블룸의 교육목표분류학에서 말하는 이해 수준 이상의 능력을 측정하기 위해 무조건 선택형 문항을 피할 필요는 없다. 선택형 문항으로 그런 능력을 상당 정도의 적절성을 가지고 측정할 수 있다면 굳이 서술·논술형 문항을 고집하지 않는 것이 현명한 결정이다.

Evaluate 서술·논술형보다 선택형이 적합한 예

[교육부, 과학 4-1 교사용 지도서 5단원 내용에 기초하여]

구분	내용
성취기준	[4과12-01] 일상생활에서 혼합물의 예를 찾고 혼합물 분리의 필요성을 설명할 수 있다.

구분	내용
해당 차시명	혼합물이란 무엇일까요? 혼합물을 분리하면 좋은 점은 무엇일까요?
1차시 학습목표	목표 1: 혼합물의 의미를 알고 설명할 수 있다 목표 2: 우리 주변에서 여러 가지 혼합물을 찾을 수 있다.
목표1의 형성평가	다음은 혼합물의 뜻을 설명한 것입니다. ( ) 안에 알맞은 말을 써넣어 봅시다. ( ) 이상의 물질이 성질이 변하지 않은 채 서로 섞여 있는 것을 혼합물이라고 한다.

더불어 서술·논술형 문항 채점결과의 신뢰성을 높이기 위해 권장되는 사항들은 모두 문항개발자 및 채점자의 많은 시간과 노력을 요구한다. 따라서 이처럼 힘이 드는 서술·논술형 문항으로 고등사고능력이 아닌 사실적 지식을 평가하는 것은 현명하지 못하다. 사실적 지식은 객관식 검사로 치르자. 여기에서 객관식 검사는 선택형과 단답형/완성형을 포함하는 검사로 정의한다.

이에 반하여, 선택형 문항으로 측정하기 어려운 능력을 측정하는 경우라면 채점의 어려움 때문에 서술·논술형 문항의 사용을 피해서는 안 된다. 채점의 어려움이 서술·논술형 문항의 단점이라면 복잡한 능력을 측정할 수 있다는 것은 장점이다. 따라서 장점이 요구되는 상황이라면 단점을 감수하고서라도 서술·논술형 문항을 사용해야 한다. 물론 보다 객관적인 채점결과를 얻을 수 있도록 노력해야 할 것이다. 결국 어떠한 문항유형을 사용해야 하는가는 평가 목적과 검사 여건에 따라 달라진다고 할 수 있는데, 서술·논술형 문항을 사용하는 것이 적합한 경우의 예를 들면 다음과 같다.

첫째, 성취기준/학습목표가 복잡한 고등사고능력을 지정하고 있는 경우다. 다음과 같은 성취기준/학습목표가 이에 해당하는데, 단순히 정보를 인식하는 것이 아니라 정보를 구성하는 것을 요구하기 때문에 선택형 문항으로 측정하기가 매우 힘들다. 이 경우라면 서술·논술형 문항을 사용하는 것이 현명하다.

• 관계 분석하기 • 항목 순서대로 나열하기 • 위치 비교하기 • 필요한 가정 진술하기 • 적절한 결론 확인하기 • 인과관계 설명하기 • 가설 설정하기	• 관점을 뒷받침하기 위한 자료 조직하기 • 장·단점 지적하기 • 문제에 대한 해결책 만들기 • 여러 출처로부터의 자료 통합하기 • 항목, 산출물, 행동의 질이나 가치 평가하기 • 독창적인 해결책, 배열, 절차 만들기

둘째, 단지 소수의 응답(답안지)만을 채점하면 되는 경우다. 시험을 치른 학생이 100명이고 6개의 논술형 문항으로 이루어진 검사를 치렀다면, 교사는 채점하는 데 엄청난 시간과 노력을 들이게 될 것이다. 학생 수가 적을 때 서술·논술형 문항을 사용하는 것이 현명하다.

셋째, 검사 보안이 중요한 경우다. 검사 문항이 다음 학년/학기의 학생들에게 전달될 우려가 있을 때는 서술·논술형 문항을 사용하는 것이 좋다. 일반적으로 동일한 검사시간을 놓고 보면 양질의 서술·논술형 검사를 만드는 것은 양질의 선택형 검사를 만드는 것보다 시간이 덜 든다.

과정중심평가를 반영하는
서술형, 논술형 문항은 따로 있다

서술·논술형 문항은 문제 혹은 질문에 대해 짧게는 몇 개의 문장에서 길게는 여러 페이지에 걸쳐 논술식으로 답을 쓰도록 하는 문항형식이다. 학생은 서술·논술형 문항을 풀기 위해 저장된 정보를 회상하거나 자기 나름대로 구성해야 한다.

서술 · 논술형 문항의 장점과 제약점

여러 문헌에서 지적되는 서술·논술형 문항의 장점과 제약점을 정리했다. 먼저 장점을 설명하면 다음과 같다.

첫째, 선택형으로 측정하기 어려운 고차적인 학습성과를 측정할 수 있다. 답안 작성에 상당한 자유가 주어지기 때문에 추리력, 종합력, 비판력, 분석력, 응용력, 표현력, 창의력과 같은 고등정신능력을 측정할 수 있다. 수리능력과 관계된 문항은 문제 풀이 과정을 통해 피험자의 문제해결능력과 인지구조를 분석할 수 있다(권대훈, 2008; 성태제, 2014). 더하여 논술형 문항은 작문능력과 의사소통능력을 평가할 수 있다.

둘째, 과제 해결과정에서 해석하고 분석하고 비교하고 종합하고 추론하는 평가능력을 기를 수 있다. 과제 해결과정이 일종의 학습경험이 될 수 있으므로 학습으로서의 평가(evaluation as learning) 기능을 기대할 수 있다.

셋째, 학습내용을 기계적으로 암기하는 학습태도가 아니라 이해, 적용, 비교, 분석, 통합, 조직, 비판하는 학습태도를 길러주는 데 도움이 된다(권대훈, 2008).

넷째, 물론 선택형의 기계적 채점과 비교할 수는 없지만 수행평가의 채점과 비교하여 서술형 문항에서는 일정 수준의 객관적 채점이 가능하다. 한국교육과정평가원에서 수행된 컴퓨터를 이용한 서술형 문항 채점 연구(한국교육과정평가원, 2016b)는 이러한 장점을 현실화할 수 있음을 보여준다.

다섯째, 표준화 검사에서 서술·논술형 문항을 사용할 수 있다. 물론 교사별 수시평가를 강조하는 초등학교 현실에서 크게 부각되지 않는 장점이지만, 고등학교 기말고사처럼 표준화가 필요한 평가 환경에서는 수행평가에 비해 상대적 장점이 될 수 있다.

여섯째, 기존에 개발된 문항이 비교적 풍부하게 존재하는 편이다. 그리고 대부분의 문항은 평가 정보가 함께 제공된다. 예를 들면 수학과 2015 평가기준 개발 연구(한국교육과정평가원, 2016a, 221쪽)에 제시된 [초5 6-3] 예시 서술형 평가도구의 경우 학년군, 영역단원, 교육과정 성취기준, 평가준거 성취기준, 평가기준, 문항, 예시답안 및 해설, 채점기준, 문항 해설이 제공된다. 교사는 본인의 평가 목적에 해당 문항이 적합한지를 판단하기 위해 주어진 평가 정보를 활용할 수 있다.

일곱째, 수행평가의 구술 평가나 관찰법에 비해 학습 증거 자료 확보가 용이하다. 교육과정－수업－평가－기록 일체화의 관점에서 기록은 학생이 목적한 학습을 성취했음을 보여주는 증거의 역할을 한다. 2015 초등학교 교육과정 총론 28쪽의 [학교 교육과정 편성-운영, 3. 평가, 가.]에는 "평가는 학생의 교육목표 도달도를 확인하고 교수·학습의 질을 개선하는 데 주안점을 둔다"라고 기술되어 있으며, 이에 따르면 교사는 학생이 목적한 목표에 도달했는지 그리고 도달 정도는 어떠한지를 파악해야 한다. 교사의 판단을 위해서 학습 증거가 필요하며, 순환적으로 학습 증거는 교사 판단의 정당성을 보여준다. 구술 평가나 관찰법의 경우 기록 형태의 평가결과를 확보하려면 교사의 별도의 노력이 필요하지만 서술·논술형 문항의 학생 응답은 그 자체가 학습 증거의 역할을 할 수 있다.

이번에는 서술·논술형 문항의 단점을 살펴보자.

첫째, 선택형 문항에 비해 서술·논술형 문항은 응답의 자유를 많이 허용하고 있기 때문에 응답이 지나치게 다양해질 수 있다. 문항의 구조화를 통해 학생의 응답이 교사가 원하는 방향으로 수렴될 수 있도록 유도해야 한다.

둘째, 피험자의 사고과정과 문제해결과정의 전체가 아닌 부분을 측정한다. 측정할 수 있는 부분은 글로 표현된 부분에 한정되므로, 수행활동이나 말을 통해 표현되는 과정을 측정할 수 없다.

셋째, 반드시 주어진 양식에 글로 응답해야 하기 때문에 많은 경우 특히 활동 중심 수업에서 탈수업 맥락적 평가가 된다. 서술·논술형 문항은 많은 경우 학습활동이 완료된 후 피험자의 사고과정이나 문제해결과정을 분석하기 위한 목적으로 실시된다. 학습이 진행되는 과정 중 학생의 사고과정을 분석하기 위해서는 수업 안에서 평가가 이루어져야 한다. 교실에서 이루어지는 많은 수업은 모둠별 토의, 실험, 발표 같은 학생의 활동을 수반한다. 활동 중심 수업의 맥락을 깨뜨리지 않고 서술·논술형 문항을 실시하기란 정말 쉽지 않다. 예를 들어 국어과 [6국01-02] 성취 기준 '의견을 제시하고 함께 조정하며 토의한다'에 기반한 수업은 대부분 자신의 의견을 제시하고 동료들과 토의하는 학생 활동을 수반한다.

넷째, 태도, 가치, 흥미 등의 정의적 특성을 평가하기가 어렵다. 서술·논술형 문항은 지식이나 인지적 과정을 위한 평가에 최적화되어 있다. 2015 개정교육과정 의 많은 성취기준은 정의적 특성과 관련되어 있고, 그러한 성취기준의 도달 정도를 서술·논술형 문항으로 평가하는 것은 매우 어렵다. 예를 들어 [4국04-05] '한글을 소중히 여기는 태도를 가진다'나 [6국03-06] '독자를 존중하고 배려하며 글을 쓰는 태도를 지닌다' 등의 경우다.

다섯째, 서술·논술형 문항으로 평가하기 어려운 핵심 역량 및 교과 역량이 다 수 존재한다. 예를 들어, 2015 개정교육과정 총론의 6개 핵심역량 중 '심미적 감성 역량, 의사소통 역량, 공동체 역량'은 정의적 특성과 관련되거나 학생의 실제 수행 이 필요하다. 이러한 역량을 서술·논술형 문항으로 평가하는 것은 매우 어렵다. 따라서 서술·논술형 문항의 장점이 살아나고 단점의 위험이 적을 때 사용할 것을 권장한다.

서술·논술형 문항 제작 시 참고 사항

이번에는 서술·논술형 문항을 실제 제작할 때 참고할 사항들을 생각해보자(김 재춘 외, 2017, 334-338).

첫째, 평가 대상, 즉 학생 집단의 특성을 고려해야 한다.

학생이 어떤 특성을 가진 집단인지를 먼저 파악한다. 학생의 수준에 적합하도록 문항의 내용과 어휘를 사용하여 학생들이 질문의 요지를 파악하기 쉽게 해야 한다. 문항의 내용이나 지시문 내용이 너무 난해한 수준으로 표기되면, 학생들이 질문의 요지를 파악할 수 없어 의견을 서술할 기회를 잃게 되고 때로는 재고자 하는 능력 이외의 인지능력이나 독해력이 포함되어 학생의 능력 추정이 부정확해질 수 있기 때문이다. 또한 문항 수를 학생의 능력에 맞게 조절해야 한다. 즉, 각 문항에 충실히 답할 수 있도록 문항별 시간 배정에 유의해야 한다.

둘째, 여러 문항 중에서 선택해서 쓰도록 하지 않는다.

3개 혹은 5개 정도의 문항을 주고 '택 1, 택 2' 등의 옵션을 주어 학생이 자유롭게 선택해서 쓰게 하는 경우가 있다. 학생의 부담을 덜어준다는 입장에서는 긍정적으로 보일지 모르지만 여러 가지 문제가 생긴다. 첫째, 5개 문항이 서로 이질적인 내용일 경우 시험의 타당도가 떨어지게 된다. 즉, 각기 다른 문항을 선택해서 답했을 경우 그에 대한 채점 점수는 학생들의 서로 다른 능력을 재고 있기 때문에 점수를 상호 비교하는 것이 적절치 못하다. 둘째, 채점의 노력과 시간이 배가된다. 셋째, 옵션 문항에 익숙해진 학생들은 폭넓은 교과내용 중 본인이 원하는 내용만을 공부하는 부분학습 습관과 요행심을 키우게 될 가능성이 높아진다.

셋째, 응답요소를 나열하도록 할 경우 가짓수를 한정한다.

단답형을 포함한 서답형 문항에서 흔히 볼 수 있는 것으로, 'ㅇㅇ을 ㅇ가지 이상 제시하시오'라고 묻고 채점기준에서 지정된 ㅇ가지 이상을 제시하면 상(上) 혹은 최고점을 주는 경우가 있다. 이러한 문항에 대해 지정된 몇 가지만 서술한 학생도 있고, 몇 가지 이상을 제시하는 학생도 있다. 그런데 지정된 ㅇ가지만을 정답으로 쓴 경우와 더 많은 답을 열거하면서도 틀린 내용을 포함하고 있는 경우가 있을 때 어떤 점수를 부여해야 할지 혼란에 빠지게 된다. 후자의 경우에도 모두 전자와 동일하게 준다면 불공정성이 야기되고, 한편으로 후자의 점수를 낮게 줄 논리도 문항 내에서는 찾기 힘들기 때문이다. 따라서 요소를 나열하도록 할 경우에는 'ㅇ가지(만) 제시하시오'로 한정하고, 채점과정에서는 지시한 ㅇ가지까지만 채점한 후 뒤에 나열되는 요소에 대해서는 채점하지 않는 것을 원칙으로 해야 한다.

장점 2가지(모두 정답)만 제시한 학생과 3가지를 제시했으나 2가지만 정답인 학생의 경우 모두 동일 점수를 준다면 전자 학생이 불공정하다고 주장할 수도 있다. 또한 어차피 맞는 정답 2가지만 써도 될 것을 무의미하게 맞는 정답 3가지를 쓴 학생의 경우에도 시간적인 낭비뿐만 아니라 상대적 박탈감을 느낄 수 있다.

〈수정 전〉 민주적 의사결정 원리의 필요성을 2가지 이상 제시하시오.
[채점기준] 상: 필요성을 2가지 이상 제시함
　　　　　중: 필요성을 1가지만 제시함
　　　　　하: 필요성을 전혀 제시하지 못함

〈수정 후〉 민주적 의사결정 원리의 필요성을 2가지(만) 제시하시오.
[유의사항] 2가지만 제시할 것(※ 3번째부터는 채점하지 않음)
[채점기준] 상: 필요성을 2가지 제시함
　　　　　중: 필요성을 1가지만 제시함
　　　　　하: 필요성을 전혀 제시하지 못함

넷째, 채점기준은 포괄성과 배타성의 원칙을 준수해야 한다.

채점기준에서 '상, 중, 하' 혹은 '5단계 등급' 등의 수준을 설정할 때 지켜야 할 기본 원칙은 포괄성(망라성)과 배타성이다. 포괄성(망라성)이란 채점기준을 설정했을 때 학생들이 제시한 답안상의 반응을 모두 포함할 수 있어야 함을 뜻하며, 배타성이란 채점기준의 범주 혹은 수준 구분이 서로 겹쳐서는 안 됨을 뜻한다. 즉 상, 중, 하 등의 수준이 의미하는 능력의 진술이 재고자 하는 평가목표(혹은 능력)의 범위를 총망라해야 함과 동시에 수준 간에 겹치는 부분이 있어서는 안 된다.

다섯째, 논쟁을 다루는 문항의 경우, 어느 한편을 지정하여 그 입장에서만 논술하라고 제한하는 방식은 지양한다.

자신이 평소 관심을 가지고 있거나 어떤 입장이 분명한 경우에는 그 입장에서 말하거나 글을 쓰는 것이 당연히 훨씬 수월하다. 따라서 논쟁을 다루는 문항의 경우 평소 입장과 다른 견해에서 답하라고 하면 문항에서 요구하는 입장을 가진 학생보다 불리할 수 있다. 예를 들어 '원자력 발전'에 대한 논쟁을 다룰 때, 이에 대한 찬성/반대 문제를 학생에게 먼저 선택하도록 하고 그 논거를 열거하는 것이 바람직하다. 찬성 입장에서만 논술하도록 할 경우 기본적으로 반대 의견을 가진 학생의 논리적 사고를 평가하는 데 한계가 있다. 원자력 발전에 대한 반대 의견을 논리적·분석적으로 전개할 수 있는 능력이 더 뛰어난 학생도 있기 때문이다.

교육과정 성취기준을 담은 좋은 문항을 개발하라

학교의 공식적 평가 출제계획에 따라 이원목적분류표를 작성하고 성취기준과 행동 영역을 고려하여 서술·논술형 문항을 개발할 수도 있다. 또한, 교사가 수업과 관련하여 진단활동, 형성평가 혹은 총괄평가의 목적으로 교사별 수시평가를 개발하면서 서술·논술형 문항을 포함할 수도 있다. 혹은 과정중심평가의 일환으로 수업 중 활동지를 사용하면서 서술·논술형 문항을 포함할 수도 있다.

서술·논술형 문항의 조건

구체적으로 좋은 서술·논술형 문항의 조건을 살펴보자(정창규·강태일, 2016, 228-230).

첫째, 문항에 답하기 위해 필요한 인지능력이 이원목적분류표상의 해당 성취기준에서 기대하는 인지능력에 부합되어야 한다. 그러한 경우 필요한 인지능력은 이원목적분류표상의 해당 행동 영역과도 부합된다.

둘째, 부분 배점이 없는 경우 정답 여부로 학생의 성취기준(혹은 학습목표) 도달 여부를 파악할 수 있어야 한다. 부분 배점이 있는 경우 정답, 부분답, 오답에 따라 학생의 성취기준 혹은 학습목표 도달 여부나 정도를 파악할 수 있어야 한다.

셋째, 평가 요소(문항에서 학생이 응답하기를 요구하는 내용 요소)가 발문 속에 명확하게 제시되어야 한다.

넷째, 문항이 구조화되어야 한다. 여기서 '구조화'란 학생들이 자신의 생각을 반응으로 작성할 때 활용할 수 있는 일종의 안내 틀을 제공하는 것을 의미한다. 서술·논술형 문항은 기본적으로 '평가 요소, 반응지시어, 배점'으로 구성되고 필요한 경우 '조건'과 '자료'가 포함될 수 있다. 문항이 구조화될수록 문항이 무엇을 묻는지 학생들이 이해하기 쉽고, 더하여 학생의 응답이 불완전한 경우 피드백하기에도 유리하다.

다섯째, 문제해결에 불필요한 내용이 포함되지 않고 발문이 명확하고 간단명료해야 한다. 예를 들어 '다음의 글은 나노기술의 종류와 활용에 대한 자료이다. 이 자료를 읽고 물음에 답하시오'라는 형태보다는 '다음 글에서 나노기술이 우리 생활에 어떠한 영향을 주는지 찾아 쓰시오'라는 형태가 보다 간단하고 명료하다.

여섯째, 학생들의 발달 수준을 고려하여 이해할 수 있는 용어를 사용한다. 《평가란 무엇인가》(정창규·강대일, 2016)의 예를 그대로 옮기면 다음과 같다.

문항) 비 피해를 받은 수재민들에게 어떤 말로 위로하면 좋을지 쓰시오.
답안) 재민아, 비록 지금 어려운 시기를 보내고 있지만 조금만 더 힘내. 앞으로는 좋은 일들이 가득할 거야.

위의 답을 한 학생이 '수재민'이라는 용어를 모르고 있음을 짐작할 수 있다. 이 경우에 '수재민' 대신 '친구'로 바꾸거나 '※ 수재민이란 홍수나 장마 따위로 재해를 당한 사람'이라는 국립국어원 표준국어대사전의 설명을 문항 밑에 제시하면 도움이 될 것이다.

일곱째, 단순 사실만을 확인하는 수준의 문항은 지양한다. 단순 기억을 물어보는 문항은 선택형 혹은 단답형/완성형 문항으로 제작하는 것이 효율적이다.

여덟째, 검사 그리고 문항의 난이도를 고려하지 말고 '학생이 반드시 배워야 하는 내용을 배웠는지 확인하는' 문항을 출제해야 한다. 혹시라도 모든 학생이 100점을 맞으면 안 되니까 아주 어려운 문항을 몇 개 출제해야 한다거나 변별력이 있어야 하니까 난이도가 낮은, 중간, 높은 문항을 고르게 출제해야 한다거나 하는 생각은 불필요하다. 만약 학교에서 규준참조평가가 필요하지 않다면 난이도와 변별도는 고려할 필요가 거의 없다. 말 그대로 '수업을 통해 모든 학생들이 알아야 할 내용'을 물어보면 된다.

서술형 문항의 4가지 구조
– 기본 구조, 조건 통합형, 조건 분리형, 자료 추가형

좋은 서술형 문항을 만들기 위해서는 구조화가 필요하다. 구조화를 위한 쉬운 방법은 다음의 문항 구조를 따르는 것이다. 서술형 문항의 구조는 기본 구조, 조건 통합형, 조건 분리형, 자료 추가형으로 구분하여 살펴볼 수 있다.

기본 구조는 평가 요소, 반응지시어, 배점으로 구성된다. 여기에서 '평가 요소'는 문항에서 학생이 응답하기를 요구하는 내용 요소로서 학생들이 기술해야 하는 내용을 보여주며 성취기준의 지식(내용)과 밀접하게 연관되어 있다. '반응지시어'는 학생이 문제를 해결한 결과를 어떠한 형태로 작성해야 하는지 지시하는 일종의 형식 요소로서 응답의 방법이나 범위를 보여주며 성취기준의 기능(행동)과 연관되어 있다.

[4과16-02] 육지와 비교하여 바다의 특징을 설명할 수 있다.

지구의 육지와 바다의 다른 점을 쓰시오.　　　　[5점]
　　　(평가 요소)　　　　　(반응지시어)　　　(배점)

조건 통합형은 평가 요소, 조건, 반응지시어, 배점으로 구성되어 있다. 여기에서 '조건'은 학생이 응답 시 답안에 반드시 포함해야 하는 내용 요소와 작성 방법 형태 등의 형식요소로서 학생의 응답의 내용과 범위를 명확하게 규정한다. 조건을 통해 학생들의 반응을 성취기준과 연관된 반응으로 이끌어준다.

[4과16-02] 육지와 비교하여 바다의 특징을 설명할 수 있다.

지구의 육지와 바다의 다른 점 2가지를 쓰시오.　　　[5점]
　　　(평가 요소)　　　　　(조건) (반응지시어)　　(배점)

조건 분리형은 평가 요소, 반응지시어, 배점, 〈조건〉으로 구성되어 있다. 문항의 답안이 단순한 경우 조건 통합형을, 복잡한 경우 조건 분리형을 권장한다.

[4과16−02] 육지와 비교하여 바다의 특징을 설명할 수 있다.

지구의 육지와 바다의 다른 점을 쓰시오.   [5점]

(평가 요소)   (반응지시어)   (배점)

〈조건: 다른 점을 두 가지 쓰시오〉

자료 추가형은 평가 요소, 조건, 반응지시어, 배점, 자료로 구성되어 있다. 학생이 평가 요소를 파악하는 데 도움을 주기 위해 제시문이나 그래프, 그림, 표, 지도 등을 자료로 제시하는 것이다. 기본 구조, 조건 통합형, 조건 분리형에도 자료를 추가할 수 있다. 예를 들어 위의 조건 통합형에 자료를 추가하면 다음과 같다.

[4과16−02] 육지와 비교하여 바다의 특징을 설명할 수 있다.

다음 지도와 사진 자료를 참고하여, 지구의 육지와 바다의 다른 점 2가지를 쓰시오.   [5점]

(자료)

자료: [지도] & [사진]

서술 · 논술형 문항과 채점기준표 점검하기

앞에서 지필평가의 도구개발절차를 보았다. 절차의 네 번째 단계로 '서술형, 논술형 문항의 예시답안 및 채점기준표 작성' 그리고 다섯 번째 단계로 '평가 문항 및 채점기준표 검토 및 수정'이 있었다. 위 단계를 거쳐 완성된 채점기준표는 최종본이 아니라 중간본이라고 볼 수 있다. 시험이 실시된 후 채점과정에서 다시 한번 채점기준표 보완이 가능하기 때문이다. 다음은 서술 · 논술형 문항을 확정하고 중간본 채점기준표를 완성할 때 점검하기를 권장하는 사항을 정리한 목록이다.

서술 · 논술형 문항 & 채점기준표 점검목록

[한국교육과정평가원(2014), 《창의인성교육을 위한 학생평가 어떻게 할까요》, 21쪽 내용과 정창규 · 강

대일(2016), 《평가란 무엇인가》, 245쪽 내용을 재구성함]

범주		내용	Y	N
교육과정 및 성취기준		현행 교육과정에서 요구하는 수준을 벗어나는 능력을 측정하지는 않는가?		
		현행 교육과정에 준거할 때 오류나 복수 정답 등의 문제가 없는가?		
		성취기준이 서술형 평가에 적합하게 선정되었는가? 선정된 성취기준에서 요구하는 인지능력을 평가하기에 선택형보다 서술형 평가가 적합한가?		
		학생의 답안을 통해 성취기준 도달 여부(도달/미도달) 혹은 도달 정도(상중하)를 판단할 수 있는가?		
		성취기준에서 요구하는 능력이 해당 문항으로 적절하게 측정될 수 있는가?		
문항 구성	문항 구조	문항 구조는 간결하며, 발문에서 묻고자 하는 것이 불명확하거나 관련 없는 내용이 포함되지 않았는가?		
		평가 요소, 반응지시어, 조건, 배점 등이 제시되어 있는가?		
		자료가 제시되는 경우, 자료에 오류가 없는가?		
		발문이나 조건문에 의도하지 않은 정답 단서가 제시되지 않았는가?		
		발문이나 조건문에서 답안 서술의 방향을 명확하게 제시하였는가?		
	문항 내용	문항 내용의 오류는 없는가?		
		단순 암기 지식만으로 해결할 수 있는 문항은 아닌가?		

범주		내용	Y	N
문항 구성	문항 내용	주어진 시간 내에 해결할 수 있는가?		
		문제해결에 필요한 중요한 단서나 정보가 누락되지 않았는가?		
		사용된 용어가 학생들의 발달 수준에 적합한가?		
채점 기준표		채점기준은 명료하고 구체적으로 제시되었는가?		
		예시답안은 학생 수준에 적당한가?		
		인정답안(유사 답안)에 미처 포함시키지 못한 답안이 있는가?		
		부분 점수가 있는 경우 배점과 기준이 적절한가?		

문항을 확정하기 전에 채점기준표를 검토하고 수정해야 히는 이유는 다음과 같다.

첫째, 문항 검토를 위해 예시답안을 미리 작성해보아야 하기 때문이다. 출제자가 답안을 작성해보면 시험 시간을 예상할 수 있고, 문항의 오류 가능성을 방지할 수 있으며, 출제자의 의도가 잘 드러나도록 발문이나 조건문을 수정할 수 있다.

둘째, 문항의 오류 가능성을 최대한 줄일 수 있다.

셋째, 출제 의도에 따라 역으로 예시답안을 보고서 문항의 표현, 발문, 조건 등을 정교하게 다듬을 수 있다.

넷째, 답안의 핵심 요소를 파악하여 요소별 배점을 정할 수 있다.

다섯째, 예시답안과 인정답안을 보면서 학생들이 답안을 작성하는 데 필요한 자료는 없는지, 예측 가능한 다른 인정답안은 없는지, 답안 작성 시 시간이 부족하지 않은지 등을 점검할 수 있다.

서술 · 논술형 문항의 채점과정과 요령

서술 · 논술형 문항의 채점은 선택형 문항에 비해 훨씬 많은 시간과 노력이 필요하다. 앞에서 공부한 객관도(채점자 간 신뢰도와 채점자 내 신뢰도)를 확보하기 위해 다음의 절차를 참고하면 도움이 될 것이다.

1단계. 서술/논술형 문항 및 중간본 채점기준표 확인
⇩
2단계. 채점 전 사전협의
⇩
3단계. 초벌 채점 실시
⇩
4단계. 협의 및 채점기준표 보완
⇩
5단계. 전체 채점
⇩
6단계. 채점결과 학생 확인

1단계 가장 먼저 문항과 채점기준표를 확인한다. 재고자 하는 성취기준과 학생이 치른 문항 내용을 확인하고 예시답안, 인정답안, 부분 점수 등을 확인한다.

2단계 일제 평가가 이루어지는 경우 교사들 간에 채점 전 사전협의가 필요하다. 특히 문항 출제자와 채점자가 일치하지 않는 경우 채점 전 사전협의는 매우 중요하다. 교사별 평가의 경우에는 본인이 출제하고 본인이 채점하는 경우가 일반적이므로 사전협의는 생략할 수 있다.

3단계 전체의 5~10% 답안을 무작위로 골라서 채점기준표에 의거하여 초벌 채점한다. 채점하면서 예상하지 못했던 학생의 답안에 주의한다. 출제자가 예측하지 못했던 반응으로 인해 중간본 채점기준표를 보완하는 경우가 빈번하게 발생한다. 다음은 채점할 때 기억할 필요가 있는 몇 가지 요령이다.

① 학생(답안지) 단위가 아닌 문항 단위로 채점한다.

② 답안지를 개략적으로 한 번 읽고 난 뒤, 구체적으로 채점한다.

③ 복수의 채점자가 채점하는 경우 동일한 문항에 대해서는 모든 학생에 대하여 동일한 채점자가 채점할 수 있도록 한다.

④ 답안지에 있는 학생의 성명과 번호를 가리고 채점한다.

4단계 초벌 채점 후 채점자들이 모여서 채점기준표에 오류 혹은 보완할 점은 없는지 논의한다. 특히 예상하지 못했던 답안의 경우를 중심으로 논의하고, 논의 결과에 기초하여 필요한 경우 채점기준표를 수정한다. 예를 들어, 배점에 따른 조건을 조정하거나 인정답안을 추가할 수 있다. 모든 채점자가 가능한 공통된 기준으로 채점할 수 있도록 노력한다. 혼자 채점하는 교사별 평가의 경우에도 채점이 쉽지 않았던 답안을 중심으로 동료교사의 조언을 구하는 것이 좋다. 어렵다면 혼자서라도 채점기준표 보완을 고민해야 한다.

5단계 수정 보완된 최종본 채점기준표를 준수하여 전체 답안을 채점한다. 초벌 채점한 답안도 포함하여 전체를 다시 채점한다.

6단계 채점결과를 학생들에게 나누어 주고 채점 오류 여부를 확인한다. 채점기준표도 공개하는 것을 권장한다. 학생들은 자신의 답안과 채점기준표를 비교하면서 자신이 무엇이 부족한지 그리고 나아지기 위해서 무엇을 어떻게 고쳐야 하는지를 알 수 있다. 이 과정에서 앞에서 다룬 환류작용, 즉 피드백이 일어날 수 있다.

4부

교육평가의 베이스캠프,
수행평가와 과정중심평가를 주목하라

과정중심평가로서의 수행평가는 수업시간 중에 과제 해결을 원칙으로 합니다. 수업과 연계되어 실시되므로 수행에 대한 즉각적 피드백이 가능합니다. 따라서 수행 과정에 대한 피드백을 통해 학습목표 또는 성취기준 도달을 보다 효과적으로 지원할 방안이 마련되어야 합니다.

수업의 전문성은 수행평가로 피어난다

사회의 변화에 발맞추어 학교교육에서 강조하는 평가방식 역시 변하고 있다. 집단 내에서의 서열을 중시하던 평가방식에서 사전에 설정된 성취기준 혹은 학습목표 도달 여부나 정도를 중시하는 평가방식으로의 전환은 이미 시작되었고 실제로 상당 정도 진척되었다. 평가방식의 가장 큰 변화는 한 학생이 다른 학생보다 '성적이 높다 혹은 낮다'라는 것보다 학생이 '무엇을 잘하고 무엇을 못하는가'를 파악하는 것에서 찾을 수 있다. 이는 학교에서 규준참조평가보다 준거참조평가의 중요성이 증가했다는 것을 의미한다.

준거참조평가에서는 검사결과를 사전에 설정된 성취기준(학습목표)을 참조하여 해석한다. 타당한 해석이 이루어지기 위해서는 사전에 설정된 기준(목표)상의 지식(내용)과 기능(행동)을 측정하기에 적합한 문항이 개발·사용되어야 한다. 그래야만 문항의 응답결과를 토대로 성취기준(학습목표)의 도달 여부나 정도를 확인할 수 있다. 그런데 교육과정을 살펴보면 선택형 문항(진위형, 선다형)이나 완성형·단답형 문항으로 측정하기 어려운 지식과 기능으로 구성된 성취기준(학습목표)이 많이 존재한다. 만약 선택형과 단답형·완성형 문항 사용만을 고집한다면, 그러한 성취기준(학습목표)의 도달 여부나 정도를 충실하게 확인하기가 어렵다. 따라서 전통적인 평가방식(서술·논술형을 제외한 지필평가)에 더하여 수행평가에 대한 지식과 기술을 갖출 필요가 있다.

Evaluate 성취기준 기반 평가를 위한 수행평가의 적합성

교육과정상에 제시된 성취기준과 학습목표의 '동사'를 중심으로 특성을 살펴보면, 대부분의 성취기준과 학습목표의 도달 여부나 정도를 확인하기 위한 목적으로 선택형 평가보다는 수행평가가 적합함을 볼 수 있다.

다음 성취기준을 보면 계획을 세우고, 관찰하고, 글과 그림으로 표현하는 것은 명시적 행위(활동)를 요구한다. 이러한 행위를 끌어내기 위해서는 주어진 답지 중에 정답을 고르게 하는 선택형 평가보다 실제로 수행을 통하여 성취를 드러내 보이도록 요구하는 수행평가가 적합하다.

[4과10–02] 동물의 한살이 관찰 계획을 세우고, 동물을 기르면서 한살이를 관찰하며, 관찰한 내용을 글과 그림으로 표현할 수 있다.

다음의 영어과 성취기준도 명시적 행위(활동)를 요구하고 있다.

[4영02–07] 일상생활 속의 친숙한 주제에 관해 쉽고 간단한 표현으로 묻거나 답할 수 있다.

사회 전체적으로 실제 수행하는 능력을 평가하라는 요구가 높아지고 있다. 예를 들어, 기계를 조작하는 순서가 올바르게 된 답지를 골라내는 능력보다는 실제로 기계를 순서에 맞게 조작하는 능력을 갖추었는지를 평가해야 한다는 것이다. 검사는 구조적으로 능력을 측정하기 위해 인위적, 간접적 방법을 사용해야 한다는 제약이 있다. 학생의 띄어 읽기 능력을 평가하기 위한 직접적인 방법은 자연적인 상황에서 아주 오랫동안 학생이 책을 포함한 여러 글 자료를 읽는 것을 관찰 평가하는 것일 것이다. 이러한 평가방식을 '참평가'라고 부를 수 있다.

그러나 현실적으로는 인위적인 상황(학교의 읽기 시험 등)에서 일 회 혹은 정해진 횟수만큼 검사하여 학생의 띄어 읽기 능력을 평가하게 된다. 평가방법이 자연적, 직접적일수록 보다 타당한 평가라고 할 수 있다. 당연히 정답을 골라내는 능력을 검사하는 것보다는 실제로 수행할 줄 아는가를 검사하는 것이 보다 자연적, 직접적인 평가방법이다. 사회가 요구하는 평가를 위해서는 선택형, 단답형·완성형 문항보다는 수행평가 문항을 사용하는 것이 합당하다. 2015 개정교육과정은 교과 평가를 위해 서술·논술형 평가를 포함한 수행평가의 활용을 강하게 요구하고 있다. 여기에서는 수행평가의 개념, 장점, 단점, 평가방법, 평가 계획하기를 개괄적으로 살펴보고자 한다.

Evaluate 교육과정에서 수행평가의 강조

[교육부 고시 제2015-74호 (별책 2) **초등학교 교육과정]**
(III 학교 교육과정 편성·운영. 3. 평가)
다. 학교는 교과의 성격과 특성에 적합한 평가방법을 활용한다.
1) 서술형과 논술형 평가 및 수행평가의 비중을 확대한다.

사회과 4. 교수학습 및 평가의 방향, 나. 평가 방향, 3) 평가의 방법
　⑴ 지필 평가 외에 면접, 토론, 논술, 관찰, 활동 보고서, 포트폴리오 등을 통한 다양한 평가가 이루어질 수 있도록 한다.
　⑷ 발표, 토론, 역할 놀이, 시뮬레이션 등 개인 및 집단 활동에 대한 관찰이나 면접과 같은 평가방법을 활용하여 문제 및 갈등 해결 능력, 공감 능력, 친사회적 행동 실천 능력 등을 평가한다.

과학과 4. 교수학습 및 평가의 방향, 나. 평가 방향
　⑷ 평가는 선다형, 서술형 및 논술형, 관찰, 보고서 검토, 실기 검사, 면담, 포트폴리오 등의 다양한 방법을 활용한다.

수행평가는 오랫동안 사용되어온 선택형 지필 평가와 차별적인 평가방식을 지칭하는 용어로 사용되고 있다. 선택형 지필 평가란 '지필(종이와 연필)을 사용하여 주어진 제한된 답지 중에서 정답을 택하도록 요구하는 평가방식'이라고 정의할 수 있다.

수행평가란 '교사가 학생이 학습과제를 수행하는 과정이나 결과를 보고, 그 학생의 지식이나 기능이나 태도 등에 대해 전문적으로 판단하는 평가방식', 즉 '학생 스스로가 자신의 지식이나 기능이나 태도를 나타낼 수 있도록 답을 작성(서술 혹은 구성)하거나 발표하거나 산출물을 만들거나 행동으로 나타내도록 요구하는 평가방식'이라고 정의할 수 있다(백순근 편, 1998). 이때의 '행동'이란 단순히 신체를 움직이는 것만을 의미하는 것이 아니라 자신의 지식이나 기능, 태도 등을 나타내기 위해 말하거나 듣거나 읽거나 쓰거나 그리거나 만들거나 그것을 계획하고 준비하는 과정까지도 포함하는 모든 활동을 의미한다(백순근, 2002).

수행평가의 장점에 대해 구체적으로 들여다보자.

첫째, 수행평가의 가장 큰 장점은 평가와 수업과의 연계성이 높다는 것이다. 이는 앞에서 다룬 준거참조평가의 중요성과 관계가 있다. 성취기준(학습목표)에 기반하여 수업하면서 평가하고, 평가결과에 따라 학생이 해당 성취기준(학습목표)에 도달한 수준을 파악하는 것은 학생이 목표에 성공적으로 도달하는 데 도움을 주는 정보가 된다.

예를 들어, 수학의 소인수분해에 관한 성취기준 [9수01-02] '최대공약수와 최소공배수의 성질을 이해하고, 이를 구할 수 있다'에 기반한 수업에 참여하면서 성취기준의 도달 정도를 확인하기 위한 수업 중 과제를 치르고 즉시 실수한 부분을 복습하는 과정은 학생이 성취기준에 도달하는 데 큰 도움이 된다. 이에 반해 수업이 마무리된 후에 시험을 치르고 특정 집단(학급)에서 몇 등을 했는가 등의 정보는 학생이 성취기준 도달을 위해 무엇을 어떻게 해야 하는지 알려주지 못한다.

[Evaluate] 평가와 수업 간 연계성

[2015 개정교육과정에 따른 평가기준 초등학교 3~4학년, 11쪽]

> 학교 현장의 교사는 교과 교육과정에 입각하여 교수 · 학습을 진행하며, 수업과 연계된 평가를 통해 학생의 교육목표 도달도를 확인하여야 한다.

[경기도교육청(2016), 정창규 · 강대일(2016) 재인용]

> 2016 초등학교 학업성적관리 시행지침에는 '교육과정–수업–평가 일체화'란 용어를 사용하여 교육과정과 수업, 수업과 평가, 교육과정과 평가가 서로 관련성을 맺어야 함을 강조하고 있다.

[한국교육과정평가원(2014) 홍보자료 PIM 2014-7, 창의인성교육을 위한 학생평가 어떻게 할까요?, 10쪽]

> 수업과 연계한 평가란 교수 · 학습과 평가가 더이상 분리되지 않도록 수업 중에 형성평가 활동, 수행평가 활동을 접목하는 것을 의미한다. 교육과정에서 제시한 성취기준 중심의 수업을 실시하면서 중간에 학생이 배운 성취기준을 제대로 익혔는지 점검하는 과정은 학습내용에 대한 복습의 기회가 되므로 평가가 학습의 연장선이 된다.
> 주요 내용을 간단히 설명한 후 연습문제를 풀게 하여 이해와 습득을 유도하기도 하고, 실험, 실습, 토론 등의 다양한 수업방법과 연계하여 보고서 쓰기, 발표 등의 수행평가를 진행할 수도 있다(프로젝트 수업과 연계한 쓰기, 발표하기, 문제해결 등의 수행평가).

이처럼 교수적 기능이 장점인 준거참조평가를 위해서는 평가과제가 준거(위 경우 성취기준)를 구성하고 있는 지식(내용)과 기능(행동)을 적절하게 평가해야 한다. 교육과정의 성취기준을 살펴보면 많은 경우에 선택형 평가보다 수행평가가 성취기준의 지식(내용)과 기능(행동)을 평가하기에 적합하다.

둘째, 수행평가는 교육목표의 도달 여부 또는 정도를 가능한 한 직접적으로 평가하는 방식이다. 앞에서 말한 대로 사회는 실제로 수행할 줄 아는 능력이 필요하고, 이런 능력을 평가하기를 요구하고 있다. 예를 들어, 직장생활에서 보고서를 쓰고 발표하는 능력은 필요하지만 선다형 문제를 푸는 능력은 별로 필요하지 않다. 실제 수행능력을 평가하기 위해서는 가능한 직접적으로 평가해야 하며 당연히 주어진 답지 중에서 고르는 선택형보다는 자신의 답을 구성해야 하는 수행평가가 보다 직접적인 평가방식이다.

셋째, 수행평가는 고등사고능력을 측정하기에 보다 적합하다. 사회적으로 많은 지식을 보유하는 것보다는 지식을 활용, 재산출하는 능력이 중요시되면서 기억력보다는 분석력, 적용력, 비판력, 창의력, 종합력 같은 고등사고능력이 중요시되고 있다. 이러한 고등사고능력을 측정하기에는 선택형보다는 수행평가가 적합하다. 2015 개정교육과정은 고등사고능력 신장을 강조하고 있으며, 이를 위한 평가방법으로 수행평가 활용을 권장하고 있다.

예를 들어, 수학과 교육과정에는 문제해결, 추론, 창의 융합, 의사소통, 정보 처리, 태도 및 실천의 6가지 교과 역량을 제시하고 있으며, 이들 대부분은 고등사고능력을 요구한다. 수학과 교육과정은 문제해결, 창의·융합, 의사소통, 정보 처리, 태도 및 실천 교과 역량의 평가방법으로 프로젝트 평가, 포트폴리오 평가 등의 수행평가를 권장하고 있다.

넷째, 수행평가는 교수·학습의 결과뿐만 아니라 교수·학습의 과정도 함께 중시하는 평가방식이다. 전통적 평가는 대부분 학습활동이 종료되는 시점이나 이후에 이루어진다. 따라서 평가활동과 교수활동이 분리된다. 수행평가를 활용하면 교수·학습 과정 중에 평가활동이 이루어질 수 있다. 즉 수행평가를 통해 교수·학습의 과정 중에 평가활동과 교육활동을 유기적으로 연계하는 것이 가능하다. 자연스럽게 과정중심평가의 평가방법으로 수행평가가 주로 활용된다.

다섯째, 수행평가는 개인별 평가뿐만 아니라 집단에 대한 평가도 중시하고 있다. 전통적인 선택형 평가방식에서는 학생이 다른 학생의 도움을 받아 문제를 해결하는 것을 허락하지 않았다. 그러나 수행평가에서는 집단별로 문제를 해결하거나 보고서를 작성하게 함으로써 집단에 대한 평가가 가능하다. 더하여 이러한 평가를 위한 집단활동을 통해 다양한 학습 기회가 제공된다.

여섯째, 수행평가는 학생의 인지적인 영역뿐만 아니라 개개인의 흥미, 태도 등의 정의적인 영역과 운동기능 등의 심동적인 영역에 대한 종합적이고 전인적인 평가가 가능하다.

수행평가의 시기와 성격을 분석하다

수행평가를 위한 방법은 앞에서 보인 선택형 문항과 구별되는 특성을 가지는데, 평가방법이 보편적이지 않다는 것과 교수·학습 활동과 평가활동이 통합적이라는 것이다. 그리고 수행평가에서는 교과의 내용과 특성에 따라 선호·활용되는 평가방법이 달라질 수 있다.

국어 교과 2017학년도 초등학교 1학년 1학기 지도서에는 구술 평가, 서술형 평가, 논술형 평가, 연구 보고서 평가, 포트폴리오 평가, 관찰 평가, 컴퓨터 기반 평가를 평가방법의 예로 권장하고 있다. 수학 교과 2017학년도 초등학교 1학년 1학기 지도서에는 지필 평가, 프로젝트 평가, 포트폴리오 평가, 관찰 평가, 면담 평가, 구술 평가, 자기 평가, 동료 평가를 평가방법의 예로 권장하고 있다. 두 교과의 지도서에서 권장하는 수행평가 방법의 종류와 순서가 다르다.

평가방법을 결정할 때는 평가의 시기와 수행 과제의 성격이 고려되어야 한다. 예를 들어, 차시별 교수·학습 지도안에 포함되는 수행평가는 간단한 평가방법(예,

서술형/논술형 평가)을 사용하게 되고, 학생 개인의 변화하는 정도나 장기간에 걸친 학습 과정에 대한 평가는 상당 기간에 걸쳐 평가가 진행되는 평가방법(예, 포트폴리오 평가)을 사용하게 된다.

수행평가에서는 교수·학습 활동과 평가활동이 통합적으로 진행되는 것을 강조하기 때문에 다양한 교수·학습 방법들이 곧 수행평가의 평가방법이 될 수 있다(백순근, 2002). 예를 들어, 도덕과 사회 교과 등에서 활용하는 역할놀이나 현장조사, 음악과 미술 교과의 작품 감상이나 전시회, 공통과학 교과의 개념도 등은 훌륭한 교수·학습 방법이자 평가방법이 될 수 있다. 이러한 특성은 수업활동이 동시에 평가활동이 될 수 있음을 의미하며, 또한 수행평가를 통해 학습으로서의 평가를 기대할 수 있다.

의외로 다양한 수행평가 평가방법

수행평가에 쓰일 수 있는 여러 가지 평가방법을 살펴보면 다음과 같다.

첫째, 서술형 및 논술형 평가다. 서술형 평가는 학생이 서술해야 하는 분량이 많지 않고, 채점할 때 서술된 내용의 분량과 충실성을 고려한다. 이에 반해 논술형 평가는 학생이 서술해야 할 분량이 상대적으로 많다. 채점할 때는 글을 조직하고 구성하는 표현 능력이나 논리적인 일관성을 고려해야 한다. 그런데 서술형 평가는 문헌에 따라 그리고 자료에 따라 수행평가방법으로 포함 여부가 달라진다. 예를 들어, '교육부(2017), 과정을 중시하는 수행평가 어떻게 할까요, 초등 10쪽'에서는 논술형 평가를 수행평가의 유형으로 소개하지만 서술형 평가는 제외하여 지필평가로 분류하고 있다. 또 백순근(2000)은 서술형 평가를 수행평가 방법의 하나로 포함하고 있고, 수학과와 영어과 교육과정의 경우에는 서술형과 논술형 모두 지필평가로 분류하고 있다. 학교에서는 '지필평가 vs 수행평가'가 흔하게 사용되는데 선택형과 서술형이 보통 지필평가로 포함되며, 논술형은 수행평가로 분류된다.

둘째, 구술 평가다. 학생이 특정 내용이나 주제에 대한 자신의 의견이나 생각을 발표하도록 하는 평가방법이다. 주제나 질문을 사전에 미리 알려줄 수도 있고, 사전에 내용 영역만 알려 주고 구술 평가를 시행할 때 그 내용 영역과 관련된 주제나 질문을 제시하는 방식을 취할 수도 있다.

셋째, 찬반 토론법이다. 서로 다른 의견을 제시할 수 있는 특정 주제에 대해 개인별로 혹은 집단별로 찬반 토론을 하게 하고 토론 내용의 충실성, 논리성과 함께 지도력, 수용력, 사회성 등을 평가함으로써 인지적 특성 및 정의적 특성을 동시에 파악하는 평가방법이다.

넷째, 실기 평가다. 실기 평가는 실제로 학생들이 수행하는 과정을 보고 평가하는 방법이다. 종전에 음악, 미술, 체육, 실과 등의 교과에서 실시해온 실기시험과 수행평가 실기 평가의 근본적인 차이는 평가가 이루어지는 상황이 제한되거나 통제된 상황인가 아니면 자연스러운 상황인가 하는 것이다. 예를 들어 10번 던져서 성공한 슛의 개수를 가지고 학생의 농구 능력을 평가하는 것이 종전의 실기시험이라면, 실제로 학급 대항 농구 시합에서 학생이 슛하는 것을 관찰하여 학생의 농구 능력을 평가하는 것이 수행평가의 실기 평가다.

다섯째, 실험·실습법이다. 자연과학 분야에서 많이 활용되는 방법으로 학생들이 직접 실험·실습을 하고, 그 과정과 결과를 관찰하여 평가하는 방법이다. 학생들 스스로 실험·실습을 준비하고, 수행, 결과에 관한 보고서를 작성하게 하여 관찰결과와 보고서를 종합적으로 고려해 최종평가를 하게 된다.

여섯째, 면접법이다. 평가자가 학생과 직접 대면하여 지필식 시험이나 서류만으로는 알 수 없는 사항들을 알아보고 평가하는 방법이다.

일곱째, 관찰법이다. 자연스러운 상황에서 학생을 이해하고 평가하기 위해 가장 보편적으로 사용된다. 특히 나이가 어린 학생일수록 관찰자를 의식하지 않는 경향이 있기 때문에 초등학교 저학년 학생에 사용하기가 적합하다. 그런데 관찰법은 평정자가 오류를 범할 위험이 높기 때문에 구체적이고 조직적으로 정의된 평가도구(예. 체크리스트)를 사용하여 평가결과의 신뢰성을 확보하는 것이 필요하다.

여덟째, 연구보고서법이다. 학생들이 능력이나 흥미에 적합한 주제를 선택한 후 그 주제에 대해 자료를 수집하고 분석·종합하여 보고서를 작성해 제출하도록 하는 평가방법이다. 계획 단계에서부터 교사와의 협의를 거치는 것이 바람직하다.

아홉째, 자기평가 및 동료평가다. 개별학생 스스로가 특정 주제나 영역에 대한 학습 과정이나 결과에 대해 자기 자신을 평가하도록 하는 방법이 자기평가, 동료학생들이 상대방을 서로 평가하도록 하는 방법이 동료평가다. 자기평가는 인지적 영역의 평가보다는 정의적 영역의 평가를 위해 권장된다(자신의 친환경적인 태도를 점검하기 위한 체크리스트 등).

모둠별 활동을 통한 조사·발표 학습이나 프로젝트 학습 등에서 모둠원 간 동료평가를 활용할 수 있다. 동료평가의 신뢰도를 높이기 위해 학생들에게 평가 태도를 가르칠 필요가 있고 동료평가 초기 단계에서 교사가 학생들의 평가 내용을 확인하여 학생들이 진지하게 평가할 수 있도록 지도해야 한다. 2015 개정교육과정은 핵심역량을 강조하고 있는데, 핵심역량의 주요 평가방법으로 자기평가와 동료평가를 활용할 수 있으며 특히 심미적 감성 역량, 공동체 역량의 평가방법으로 자기평가 및 동료평가가 권장된다.

열째, 포트폴리오다. 학생이 쓰거나 만든 작품을 누가적으로 또한 체계적으로 모아둔 개인별 작품집 혹은 서류철을 이용한 평가방법이다. 즉, 일정 기간 동안(보통 한 학기) 구체적 목적(글쓰기 능력 향상 등)에 따라 계획적으로 학생의 수행 정도와 성취정도, 그리고 향상 정도를 표현하는 산출물(예, 학생이 격주로 쓴 수필 등)의 축적을 수집하여 이를 통해 평가하는 방법이다. 대표적인 장점은 장기간에 걸친 평가를 통해 학생의 향상 정도를 측정하는 것이 가능하고, 과제 수행이 학습자 중심이며, 개인 간의 비교가 아니라 개개인의 변화 및 향상도가 평가의 목적이라는 점이다.

현장에서 활용하는 수행평가와 교수 · 학습의 하모니

　　수업과 연계되는 교수적 목적의 수행평가는 수업시간 중에 과제를 해결하는 것을 원칙으로 한다. 궁극적으로는 과정중심평가로서의 수행평가를 의미한다. 수업 중에 평가가 이루어지면 학습자 개인의 사회·경제적 맥락이나 조건들이 영향을 미칠 가능성이 줄어들어 평가의 공정성에 도움이 되고, 수업과 연계되어 실시되므로 수행에 대한 즉각적 피드백이 가능하며, 또한 수행 과정에 대한 피드백을 통해 학습목표 또는 성취기준 도달에 도움을 준다.

과정을 중시하는 수행평가 재구성

[교육부(2017), 과정을 중시하는 수행평가 어떻게 할까요?, 12쪽 내용을 기초로 재구성]

성취기준 분석 및 평가기준 확인

⇩

수업계획과 병행하여 평가계획 수립

⇩

수업 전 활동	교수·학습자료 개발	교수·학습 과정안 개발 수행평가과제 개발 수행평가 채점기준표 개발 (피드백 방안 포함)

⇩

일련의 수업 과정 중 활동	학생 참여형 수업	(수업과 연계하여) 수행평가 실시 학생의 학습 과정 관찰(기록) 채점 및 피드백

⇩

수업성찰 및 피드백

첫째, 성취기준 분석 및 평가기준 확인

교수·학습이 이루어지는 수업은 성취기준에 기반을 둔다. 따라서 수업과 연계되는 수행평가를 위해서는 수행평가 개발의 첫 단계에서 성취기준을 분석해야 한다.

[초등학교 국어과 5학년 1학기 6단원 관련 성취기준]

> 듣기 · 말하기 [6국01-02] 의견을 제시하고 함께 조정하며 토의한다.
> 쓰기 [6국03-06] 독자를 존중하고 배려하며 글을 쓰는 태도를 지닌다.

> 성취기준 [6국01-02]은 지식과 기능이 종합적으로 요구되며 서술형 문항을 활용한 지필평가와 실제 토의활동에 대한 관찰평가를 통해 이해중심의 수업을 연계할 수 있다.
> 성취기준 [6국03-06]은 기능 및 가치 · 태도가 요구되므로 실제 토의주제와 관련한 글쓰기 수행평가와 토의활동에 참여하는 학생들에 대한 관찰평가가 함께 이루어져야 한다.

교육과정 성취기준은 크게 인지적, 정의적, 심동적 요소로 구성되어 있다. 이를 수업과 평가로 구체화하려면 먼저 성취기준이 요구하는 지식, 기능, 가치 · 태도가 무엇인지 살펴봐야 한다. 구체적으로 성취기준 [6국01-02]는 듣기 · 말하기 영역의 지식과 기능을 종합적으로 요구하는 반면 [6국03-06]은 쓰기 영역의 지식과 가치 · 태도를 요구하고 있음을 알 수 있다. 추가로 지도서에 제시된 6단원의 학습목표는 '토의 절차와 방법을 알고 토의에 활발하게 참여할 수 있다'이다.

둘째, 수업계획과 병행하여 평가계획 수립

수업활동과 연계하여 실시하는 수행평가는 평가계획서에서 교수 · 학습 계획을 함께 제시하고, 수업 중에 수행평가가 어떻게 시행될 것인지를 구체적으로 계획할 것을 권장한다. 또한 교육과정 성취기준에 효과적으로 도달하기 위해 학습목표를 재구조화하고, 교실상황의 특수성을 반영하여 수업단계를 구성해야 한다. 예를 들어 교과서에서 제시된 9차시의 수업단계를 참고하여 다음과 같이 5차시로 재구성하여 교수 · 학습 활동 및 평가계획을 수립할 수 있다.

수업단계	교수 · 학습 활동	평가계획	핵심질문
토의과정 이해하기 (1차시)	토의의 뜻과 필요성 알기 기본적인 절차와 방법 알기 토의단계 및 토의과정 알기	[형성평가1] 토의 관련 지식 확인	토의의 기본적인 절차와 방법을 알고 있는가?
토의주제 생각하기 (2차시)	토의주제 선정하기 주제와 관련된 주요 내용 이해하기 토의주제를 친구에게 소개하기	[형성평가2] 토의주제 내용 확인	토의주제와 관련된 주요 내용을 이해하고 있는가?
토의과정 실행하기 (3차시)	토의주제 관련 문제상황 찾기 토의주제에 대한 자기 의견 정하기 토의주제에 대한 모둠의견 세우기	[수행과제1] 문제상황과 의견 작성	문제상황을 찾아 토의를 통해 의견을 조율하는가?
모둠의견 공유하기 (4차시)	결정된 모둠 토의의견 확인하기 결정된 모둠 토의의견 공유하기 토의의견 나눔 후 상호 평가하기	[수행과제2] 토의의견 공유 및 상호평가	결정된 모둠 토의의견을 나누며 상호평가에 잘 참여하는가?
토의내용 정리하기 (5차시)	모둠별 토의의견 보완하기 확정된 모둠 토의의견 정리하기 토의의견 게시 후 상호 피드백하기	[수행과제3] 토의의견 정리 작성 및 상호 피드백	토의의견을 정리하여 상호 피드백 활동에 잘 참여하는가?

수업과 연관된 수행과제는 1시간 단위로 끝나는 경우도 있지만 2차시 이상에 걸칠 수도 있다. 구체적으로 수업시간에 배움과 확인이 동시에 진행될 수 있도록 수업을 설계해야 한다. 또한 성취기준 분석에 따라 실제 수업을 재구성하여 적용해야 한다.

위에 있는 '성취기준에 따른 수업 및 평가계획 수립' 내용을 살펴보면 각 단계별 교수 · 학습 활동 안에 교육과정이 재구성되어 반영되어 있다는 것을 확인할 수 있다. 1~2차시는 인지적 능력에 대한 것으로 [6국01-02] 성취기준의 (절차적) 지식의 이해 관련 학습이 이루어진다. 3차시에서는 실제 토의과정이 실행되어 [6국01-02] 성취기준의 기능 관련 학습이 구현된다. 4차시에서는 [6국01-02] 성취기준의 기능과 [6국03-06] 성취기준의 (절차적) 지식 및 가치·태도가 통합적으로 연계되어 있고, 마지막 5차시에서는 [6국03-06] 성취기준의 지식 및 가치·태도를 반영하기 위해 토의의견 게시 후 상호 피드백 활동이 이루어진다. 성취기준에 효과적으로 도달하기 위해 교육과정 재구성을 통해 수업과 평가가 유기적으로 연계되도록 설계되었음을 알 수 있다.

셋째, 교수·학습 과정안 개발, 수행평가의 과제 개발, 채점기준 개발(피드백 방안 포함)

모든 수행과제는 지식의 핵심개념에 대한 이해에서 출발해야 한다. 위 단계에서 제시한 평가계획 수립에서도 1차시에서는 토의 관련 지식을 확인하고 2차시에서는 토의주제 내용의 이해를 확인하는 형성평가가 이루어지고 있다. 이러한 핵심개념에 대한 형성평가는 이어지는 수행과제들을 질적으로 향상시키는 데 도움이 된다. 또한 학생들이 수행과제를 해결해가는 과정을 관찰하여 핵심개념의 재학습이 필요한 경우 이어지는 다음 차시의 수업을 재구성하여 적용할 필요도 있다.

수업 및 평가계획에 맞추어 개발된 3차시 토의과정 실행하기 수업의 교수·학습 과정안과 수행 과제의 예로 단원 전체 수업의 흐름 속에 특정 차시의 학습목표 도달을 위한 수행평가가 어떻게 개발되어 적용되는지 확인한다. 차시 수업에서 수업활동과 평가 그리고 피드백이 언제 어떻게 연계되어 이루어지는지 교수·학습 과정안을 통해 구체화한다. 그리고 수업 중 평가가 수업의 일환으로 이루어지도록 수행평가과제를 차시 수업활동과 연계하여 개발해야 한다.

교실수업에서 수행과제는 아무래도 지식을 활용하는 기능 중심으로 이루어지기 쉽다. 이때 자칫하면 기능 중심의 수행과제가 수업의 주요 흐름이 되어 평가중심의 수업으로 변질될 수 있다. 따라서 수행과제의 적용이 지식을 이해하고 활용하는 수업 도구적 기능을 하도록 신경 써야 한다. 위에서 제시한 수업 및 평가계획을 보면 수행과제가 3차시에서 5차시에 걸친 수업과 통합적으로 연계되어 있음을 확인할 수 있다.

Evaluate **[3차시 교수·학습 과정안 & 수행과제]**

과목	학년-학기	단원	차시	교과서
국어	5-1	6. 토의하여 해결해요	3/5	196~199쪽

학습 목표	문제상황을 찾아 토의를 통해 모둠의견을 표현할 수 있다.

학습 단계	내용	형태
동기 유발	**어린이 신문 보기** - 어린이 신문을 보고 주요 문장을 찾아본다. - 신문의 주요 내용에 대한 자기 생각을 이야기한다.	전체
활동1	**문제상황 찾기** - 각 모둠별로 사전에 선정한 토의주제를 발표한다. - 토의주제와 관련된 신문기사를 다시 읽고 문제상황을 공유한다.	모둠
활동2	**자기 의견 정하기** - 문제상황에 대한 해결방안을 키워드 중심으로 적어서 발표한다. - 키워드 중심의 해결방안을 짧은 문장으로 다시 작성해서 공유한다. - 모둠원의 발표를 듣고 자신의 생각을 친구들과 나눈다.	

활동2	**과정중심평가** – 자기 의견 정하기 개별 활동지에 해결방안을 짧은 문장으로 완성한다. – 교사는 관찰을 통해 문장완성의 어려움을 겪는 학생을 지도한다.	모둠
활동3	**모둠의견 세우기** – 친구들의 생각을 모아 모둠의견으로 결정해서 4절지에 기록한다. – 기록된 모둠의견을 칠판에 게시하고 전체 친구들에게 발표한다.	모둠 전체
피드백 & 차시 예고	**피드백** – 과정중심평가 결과에 근거하여 학습목표 중심 피드백 실시 **차시예고** – 결정된 모둠의견을 상세하게 공유하고 토의과정 상호평가하기	전체 개인

Evaluate **[3차시 토의과정 실행하기 수업 수행과제]**

학습목표 (3차시)	문제상황을 찾아 토의를 통해 모둠의견을 표현할 수 있다.	자기평가 체크리스트	
1. 모둠에서 선정한 토의주제를 질문형태로 쓰시오. (예시) 빈곤 지원 가정에 붉은색 페인트칠을 해도 되는가?		☺	☹
2. 토의주제와 관련된 문제상황(Problem)을 찾아 쓰시오. (예시) 인도네시아의 한 지자체가 빈곤층에 대한 정부 지원금을 받는 집에 붉은색 페인트로 '가난한 가족' 문구를 찍도록 해서 논란이 일고 있다.		☺	☹
3. 문제상황에 대한 해결방안(Soloving)을 짧은 문장으로 작성하시오. (예시) 정말로 가난한 사람들이 타인의 시선을 의식하지 않고 편하게 지원을 받을 수 있도록 페인트칠보다 직접적인 생필품 지원을 늘리면 좋겠습니다.		☺	☹
4. 친구들의 생각을 모둠의견(Opinion)으로 결정하여 작성하시오. (예시) 우리는 정부 지원을 받는 사람들이 보다 마음 편하게 지원을 받도록 직접적인 생필품 지원을 늘려야 한다고 생각합니다. 왜냐하면 붉은 페인트칠은 오히려 낙인효과가 생겨 가난한 사람의 마음을 아프게 하기 때문입니다.		☺	☹

또한 수행과제별로 채점기준을 개발하고 피드백 방안을 마련해야 한다. [수행과제1]의 경우 3차시 토의과정 실행하기 단계의 평가계획으로 '문제상황과 의견작성' 과제가 성취기준(학습목표) 및 핵심질문과 연계되어 있음을 알 수 있다. 구체적으로 수행과제에 따른 채점기준은 교육과정 재구성에 의한 3차시 핵심질문 '문제상황을 찾아 토의를 통해 의견을 조율하는가?'에 대한 도달/미도달 수준으로 구분된다. 또한 미도달 수준으로 확인된 학생들을 위한 맞춤형 피드백 방안이 제시되어 수업 중 도달 수준으로 성장할 수 있도록 지원할 방안이 마련되고 있다.

Evaluate **[수행과제에 따른 채점기준개발**(피드백 방안 포함)**]**

듣기·말하기: [6국01-02] 의견을 제시하고 함께 조정하며 토의한다.

학습목표: 문제상황을 찾아 토의를 통해 모둠의견을 표현할 수 있다.

수행과제	평가수준	채점기준
[수행과제1] 문제상황과 의견 작성 (핵심질문) 문제상황을 찾아 토의를 통해 의견을 조율하는가?	도달	토의활동에 의견을 제시하고 모둠의견을 조정하여 결정한 내용을 잘 발표할 수 있다.
	미도달	**토의활동에서 의견을 제시하고 모둠의견을 조정하여 결정할 수 있다.** 　피드백 방안 ⇨ 모둠의견 결정 후 다른 친구들에게 논리적으로 발표할 수 있도록 토의활동을 다시 한번 상기시킵니다. 특히 Opinion 단계에서 모둠의 의사결정이 어떻게 이루어졌는지 공책을 살펴보고 발표할 내용을 정리하도록 지도합니다. **토의활동에서 의견 제시가 불명확하고 모둠의견을 잘 조정하지 못한다.** 　피드백 방안 ⇨ 토의활동에서 의견을 분명하게 제시하지 못하는 원인은 대부분 Problem 단계에서 문제를 제대로 파악하지 못했기 때문입니다. 따라서 자기 의견을 정하기 전에 어린이 신문기사의 핵심내용을 제대로 파악했는지 살펴보고 어려운 용어 등이 있다면 기사를 먼저 이해할 수 있도록 지도합니다.

넷째, 수행평가 실시, 학생의 학습과정 관찰, 채점 및 피드백

교수·학습과 연계한 수행평가를 실시하기 전에 교사는 학생들에게 수업의 흐름과 내용, 수행평가과제, 채점기준 등을 안내해야 한다. 또한 각 차시별 평가계획에 따른 핵심질문을 차시 학습목표와 연결하여 제시하고, 학생들이 수행해야 할 과제를 구체적인 질문이나 실행지침으로 제시하는 것이 바람직하다. 뿐만 아니라 수행과제에 대한 채점의 목적이 피드백에 있음을 고지하고, 가능한 한 채점기준의 도달 수준에 모두가 이르도록 지도할 방안을 마련한다.

교사는 매 수업시간에 학생들의 활동을 관찰하면서 학생의 변화와 성장에 대한 자료를 다각적으로 수집하여 학생의 성장을 돕는다. 대표적으로 '일화기록법'을 사용한다. 일화기록법은 사건이 발생할 때마다 기록하는 방법으로, 일반적 원리는 특정 행동이 언제, 어떤 조건하에서 발생되었는가를 사실적으로 기술하는 방법이다. 그러나 일화기록법은 특정 행동을 기록할 때 수업흐름이 잠시 멈춘다거나 또 다른 사건을 놓칠 수 있다는 문제가 있다. 이를 보완하기 위해 교사들은 교과서, 공책, 수업활동 결과물 등을 적절히 수집하여 수업 후 기록활동으로 이어가야 한다.

수행평가의 채점은 사전에 준비한 채점기준을 준수하여 수행하며, 채점기준과 채점결과를 학생에게 제공하여 모둠과 학생이 자신들의 강점과 약점을 인지하고, 학습을 성찰하여 보완하고, 최종적으로 교육과정의 성취기준(학습목표)에 도달할 수 있도록 돕는다. 교수적 목적으로 수업과 연계되어 실시하는 수행평가의 주목적은 피드백임을 기억하자.

다섯째, 수업성찰 및 피드백

평가를 시행한 후에는 수행의 최종 결과를 학생에게 제공하고 함께 의사소통하는 작업이 필요하다. 이러한 작업은 평가결과와 학습을 연결하는 역할을 한다. 평

가 후 아무런 의사소통이 없다면 학생의 학습에 거의 교수적 영향을 끼칠 수 없다. 평가결과 기록은 학생의 학습과 성장을 돕는 방향으로 제공해야 하며 학생의 학습 동기를 긍정적으로 신장시킬 수 있어야 한다.

`Evaluate` 수행과제 성찰과 후속 수업 피드백

듣기 · 말하기: [6국01-02] 의견을 제시하고 함께 조정하며 토의한다.

쓰기: [6국03-06] 독자를 존중하고 배려하며 글을 쓰는 태도를 지닌다.

수행과제	사례	특징과 피드백
[수행과제1] 문제상황과 의견 작성 (핵심질문) 문제상황을 찾아 토의를 통해 의견을 조율하는가?	A	**칠판에 글쓰기를 좋아하는 친구로 토의활동 후 해결책을 칠판에 쓰면서 열심히 활동하였습니다.** 　피드백 결과 ⇨ 토의하면서 동시에 공책 또는 칠판에 정리가 잘 되는 친구로 글쓰기 자체를 어려워하는 다른 친구들을 도와 상호협력할 수 있도록 지도하였습니다.
	B	**교과서에 있는 지문보다 어린이 동아일보에 나오는 뉴스 쏙 기사에 더 흥미를 갖고 수업에 잘 참여하였습니다.** 　피드백 결과 ⇨ 평소 도서관에서 어린이 동아일보를 꾸준히 읽은 친구로 기사 습득 능력이 빨라 다른 친구들을 더 적극적으로 도울 수 있도록 지도하였습니다.
	C	**평소에 경청의 자세가 많이 부족한 친구지만 기사에 대한 의견 나누기에는 잘 참여하려고 노력하였습니다.** 　피드백 결과 ⇨ 토의활동의 기본 자세가 경청임을 다시 한번 지도하였으며, 토의주제에 대한 의견 나누기 활동을 할 때 친구들의 의견을 기록하는 역할을 하도록 지도하였습니다.

학생의 수행평가과제 수행 과정에 대한 상시 관찰 및 누가기록을 바탕으로, 학생의 성취기준에 따른 성취수준의 특성 및 학습활동 참여도 등 특기할 만한 사항을 학교생활기록부 교과학습발달상황의 '세부능력 및 특기사항'에 기록할 수 있다. 일화기록법 등을 통해 수업시간에 학생들의 활동을 관찰하면서 수집한 학생의 변화와 성장에 대한 자료가 위의 기록을 위한 풍부한 원천이 되며 동시에 학습에 대한 객관적 증거가 된다.

수행과제에 대한 학생들의 반응을 사례별로 유형화하여 기록하고 각 사례별로 피드백 결과를 정리하는 활동은 수업의 질적 성장을 가능하게 만든다. 이런 기록은 교사가 성취기준(학습목표)에 기반한 수행과제가 수업활동과 어떻게 연계되었는지 구체적으로 확인하는 데 도움을 준다. 또 수행과제에 대한 반응의 사례별 기록을 통해 학생들의 성취수준을 보다 객관적으로 파악할 수 있고, 교사가 다음 차시 수업을 계획하고 재구성하기 위해 필요한 주요 참고 정보가 된다.

교육평가의 패러다임, 과정중심평가에 주목하라

'과정중심평가'가 왜 필요할까?

사회의 변화에 맞추어 교육도 변해야 하기 때문이다. 지금은 교육의 중요한 공간인 학교에서도 교육의 제도, 체제, 목표, 내용, 방법이 변하고 있으며, 교육평가에 대한 패러다임 변화까지 요구되는 시점이다. 교육평가의 변화는 단순한 기법의 변화가 아니라 교육평가 정책을 포함하여 평가관점, 평가도구, 평가시스템을 포함한 평가 관련 모든 분야의 변화를 뜻한다. 유영식(2017)은 "과정중심평가는 평가만 바꾸는 것이 아니라 평가와 관계된 학교교육의 모든 것을 개혁하는 하나의 혁명이라고 볼 수 있다"고 주장한다.

4차 산업혁명이라는 용어와 함께 사회가 빠르게 변하고 있다. 정보 지능화라는 단어로 대표되는 4차 산업혁명은 현재의 삶의 양식과 다른 모습의 미래 사회를 끌어낼 것이다. 이근호 외(2012)는 우리 사회를 변화시키고 미래로 이끄는 거대한 5가지 흐름과 그 원인에 대해 이렇게 지적하고 있다.

① 인구구조의 변화 - 저출산과 고령화, 가족구조 변화, 외국인 및 다문화 가족 증가

② 과학 · 정보통신기술 발전 - 기술 혁신, 네트워크(유비쿼터스) 사회

③ 경제환경의 변화 - 시장의 확대, 직장 및 직종 다양화

④ 환경 · 자원 문제 - 기후 변화, 환경오염, 자원 및 에너지 부족, 지속 가능한 발전

⑤ 지구촌 다원화 사회 - 국제교류 확대, 다원화

학생들이 미래 사회에서 경쟁력 있는 시민으로 성장하는 데 필요한 자질을 갖추게 하는 것은 교육의 중요한 과제다. 미래 사회를 대비하는 교육의 큰 변화 속에서 평가의 변화는 크게 평가 패러다임의 확장, 결과중심평가와 과정중심평가의 균형, 교육과정 – 교수 · 학습과 평가의 연계로 특징지을 수 있다.

`Evaluate` 교육의 변화 속 평가의 변화

[교육부 · 한국교육과정평가원(2018). 초등학교 교사별 과정중심평가 이렇게 하세요, 12~13쪽 내용을 재구성]

평가 패러다임의 확장: 선발적 평가관에서 성장적 평가관으로	– 학습한 것을 확인하는 평가에서 학습을 돕는 평가 그리고 학습이 이루어지는 평가로 – 학생들의 능력을 변별한 후 필요 인원을 선별하는 평가에서 각 학생이 본인의 능력에 따라 최대의 성장을 이루도록 지원하는 평가로 – 평가결과의 환류 대상을 교사로 확대하여 교사의 수업 개선과 궁극적으로 교사의 성장을 지원하는 평가로
결과 중심 평가와 과정중심평가의 균형	– 학생이 학습의 결과로 무엇을 알고 무엇을 할 수 있는지를 강조하는 평가에서 교수학습 과정에서 일어나는 학생의 학습에 대한 진전과 교수학습을 통한 성취 결과를 균형적으로 아우르는 평가로

교육과정–교수 · 학습 과 평가의 연계	– 수업과 유리되어 독자적으로 실시되고 활용되는 평가에서 수업과 연계되어 수업을 돕고 수업의 일환으로 실시되고 활용되는 평가로 – 내용 중심의 평가에서 내용과 연계하여 기능과 역량을 함께 중시하는 평가로

교육부(2015)는 학교 수준에서 기존의 평가방식의 대안적 방식을 '과정중심평가'로 명명하고 평가의 변화를 촉진하기 위해 정책적으로 노력하고 있다. 더불어 제도적으로 과정중심평가의 확산을 위해 교육부는 직간접적으로 과정중심평가와 관련된 여러 학생평가 정책을 수립했다. 구체적으로 2012년부터 중고등학교에서 적용되고 있는 성취평가제, 학교생활기록부의 교과별 세부능력 및 특기사항에 대한 기록 강조, 자유학기제 활성화를 위한 과정중심평가 내실화, 자유학기제를 자유학년제로 확대하면서 과정중심평가를 지속적으로 강화하고 있다(한국교육과정평가원, 2018a).

Evaluate 2015 개정교육과정에 언급된 '과정중심평가'

[2015 초등학교 개정교육과정 총론 별책2(제2015–74호), 236쪽, 4. 교수학습 및 평가의 방향, 나. 평가 방향, (2) 평가방법]

> ⑺ 수학과의 평가는 학습 결과평가뿐만 아니라 과정중심평가도 실시하여 종합적인 수학 학습 평가가 될 수 있게 한다.

[2015 초등학교 개정교육과정 총론 별책2(제2015–74호), 313쪽, 4. 교수학습 및 평가의 방향, 나. 평가 방향]

> ⑷ 실험 · 실습의 평가는 세부적인 평가 기준을 사전에 제시하고 평가하되, 산출물 평가뿐만 아니라 포트폴리오, 관찰용 점검표, 학생용 자기평가, 동료평가 등을 활용하여 과정중심평가 및 수행 능력을 평가한다.

과정중심평가를 뭐라고 정의할 수 있을까? 과정중심평가의 통일된 정의를 찾기 어려운 이유는 과정중심평가가 학문에 기반을 둔 학술용어가 아니기 때문이다. 신혜진 외(2017)는 "과정중심평가는 정책적 용어이며 선언적 구호로 특정한 평가 유형을 지칭하는 것이 아니다"라고 주장한다. 강대일, 정창규(2018)는 과정중심평가를 "평가를 바라보는 하나의 관점이다"라고 정의하고 있으며, 김덕년 외(2018)는 과정중심평가는 '절대평가, 정성평가' 같은 평가방법이 아니라 "교육과정 – 수업 – 평가 – 기록이라는 큰 테두리 안에서 행하는 평가활동이다"라고 규정하고 있다.

정책, 관점, 활동 등의 포괄적 정의는 다양한 활용이라는 장점과 함께 다의적 해석이라는 단점이 있고, 결과적으로 학교현장에 혼란을 가져온다. 한국교육과정평가원(2018a)은 교육부 훈령을 기반으로 "지필평가와 수행평가로 이분화되어 있는 현재의 학생평가 구분 방식은 과정중심평가를 운영하는 데 혼란을 가져오기도 하는 것으로 나타났다"라고 진술하고 있는데, 이는 교육부와 학교 현장에서 과정중심평가가 일관된 의미로 해석·운영되고 있지 않음을 보여준다. 이 책에서는 과정중심평가의 통일된 의미 해석과 원활한 운영을 위해 보다 구조화된 정의를 탐색해 보았다.

Evaluate 2015 개정교육과정 총론의 진술

[2015 초등학교 개정교육과정 총론 별책2(제2015-74호), 4쪽]

> 라. 학습의 과정을 중시하는 평가를 강화하여 학생이 자신의 학습을 성찰하도록 하고, 평가결과를 활용하여 교수·학습의 질을 개선한다.

2015 개정교육과정 총론(교육부, 2015a)의 진술 핵심은 과정중심평가를 통한 '학생 자신의 학습 성찰' 그리고 '교수학습의 질 개선'이다. 그러나 여기서 명료하게

과정중심평가에 대한 정의를 읽기는 어렵다.

교육부와 한국교육과정평가원(2017)의 '과정을 중시하는 수행평가 어떻게 할까요?'에 따르면 "과정중심평가란 교육과정의 성취기준에 기반한 평가계획에 따라 교수학습 과정에서 학생의 변화와 성장에 대한 자료를 다각도로 수집하여 적절한 피드백을 제공하는 평가"로 정의된다. 여기서 핵심은 '성취기준 기반 평가계획, 교수학습 과정에서, 변화와 성장, 자료의 다각도 수집, 그리고 피드백'이라는 단어들로 정리할 수 있다.

한국교육과정평가원(2018a)의 '과정중심평가 내실화를 위한 교사의 평가 전문성 신장 방안 연구'에서 전문가 델파이 조사를 통해 과정중심평가의 의미(개념)를 조사했다. 바로 위에서 제시한 정의가 가장 높은 빈도를 차지했고, "교육과정에 제시된 성취기준을 바탕으로 수업과 평가를 연계하여 계획·실행하고 학습의 결과에 대비된 학습의 과정에 초점을 맞추어(결과에 대한 평가를 제외하는 것은 아님) 수행된 평가방법으로 수집된 자료를 학생의 성장과 학습지원·수업의 개선·총괄평가의 근거로 활용할 수 있는, 형성적 목적이 강조된 평가"라는 정의가 다음으로 높은 빈도를 차지했다. 여기서 이전 두 정의와 차별되는 강조점은 '수업과 평가의 연계, 결과평가와 함께 과정평가에 초점, 자료 활용에 총괄평가의 근거 포함, 형성평가를 확대한 형성적 목적이 강조된 평가'로 정리할 수 있다.

위의 정의들과 기타 관련 자료에 기초하여 과정중심평가에 대한 몇 가지 질문에 대해 답해보고자 한다.

Q. 과정중심평가는 결과평가의 반대 용어인가?

2015 개정교육과정 총론(교육부, 2015a)의 '학습의 과정을 중시하는 평가' 진술에 따라 과정중심평가를 '결과평가'와 대비하여 '과정평가'로 해석하는 관점이 존재

한다(한국교육과정평가원, 2018a). 과정평가와 결과평가를 대비시켜 보면 과정평가는 학생의 학습이 진행되는 과정에서 평가하는 것을 의미하고, 결과평가는 학습이 종료된 이후 실시하는 평가를 의미한다.

그러나 여러 문헌에서 과정중심평가는 과정평가와 결과평가를 모두 아우르는 개념으로 정리되고 있다. 과정중심평가는 결과평가의 반대 용어가 아니라 과정평가와 결과평가를 모두 아우르는 용어다.

Evaluate **문헌에 정리된 과정중심평가에서 결과평가의 위치**

교육부, 한국교육과정평가원(2017). 과정을 중시하는 수행평가 어떻게 할까요? 중등(연구자료 ORM 2017-19-2) 한국교육과정평가원	종래의 평가방식은 학습의 결과를 중시, 새로운 평가방식은 학습의 결과와 과정을 중시함
한국교육과정평가원(2018a) '과정중심평가 내실화를 위한 교사의 평가 전문성 신장 방안 연구'	… 학습의 과정에 초점을 맞추어(결과에 대한 평가를 제외하는 것은 아님) …

Q. 과정중심평가는 지필평가 사용을 금지하는가?

교육부와 한국교육과정평가원(2017)의 '과정을 중시하는 수행평가 어떻게 할까요'는 다음과 같이 과정중심평가를 위한 방법으로 수행평가를 권장하고 있다. "수업 장면에서 과정중심평가의 방향성을 담을 수 있는 대표적인 방법이 '수행평가'라고 할 수 있습니다."

교육부는 훈령을 통해 학생평가를 지필평가와 수행평가로 구분한다. 수행평가의 강조와 교육부 훈령에 따른 지필평가와 수행평가의 구분으로 인해 과정중심평가의 방법으로 지필평가를 기피하는 사례가 발생할 수 있다.

교육부 훈령에서는 지필평가를 중간고사나 기말고사 같은 정기고사 개념으로 보고 있으므로(한국교육과정평가원, 2018b), 교육부 훈령상의 '지필평가'는 '일제식 정기고사'로 이해하는 것이(한국교육과정평가원, 2018a) 합당하다. 한국교육과정평가원(2018a)의 전문가 의견 조사 결과에 따르면 '지필평가'의 의미는 '종이와 필기구를 활용하여 문항에 대한 응답을 작성하는 평가방식'으로 수렴되었으며, 이 책에서는 전문가 의견을 존중하여 지필평가의 학문적 정의를 준용한다.

이러한 지필평가에는 선택형과 서답형이 포함되며, 서답형에는 서술형과 논술형이 포함된다. 그런데 앞에서 다룬 것처럼 서술형 및 논술형 평가는 수행평가 방법으로 포함될 수도 있다. 과정중심평가를 위한 대표적 방법은 수행평가이고 지필평가의 한 유형인 서술형과 논술형이 수행평가에 포함된다면, 과정중심평가의 방법으로 모든 지필평가를 기피하는 것은 정당하지 못하다.

실제로 교육부(2019a)의 '중학교 교사별 과정중심평가 이렇게 하세요-역사'는 과정중심평가를 지필평가와 수행평가 모두를 포괄하는 개념으로 정의하고 있다. 더하여 한국교육과정평가원(2018b)은 선택형으로 구성된 지필평가를 과정중심평가에 활용할 수 있음을 다음과 같이 기술하고 있다.

"과정중심평가에서는 지식, 기능, 태도가 학습자에게서 어떻게 발달하고 있는지를 파악하기 위해 학습자의 수행 과정을 평가 대상으로 한다. 이러한 특징을 가장 많이 반영한 평가방법이 수행평가이긴 하지만, 수행 과정은 선택형이나 서답형으로 구성된 지필평가 형식으로도 측정이 가능하기 때문에 과정중심평가에 지필평가를 활용할 수도 있다."

Q. 과정중심평가는 총괄평가를 배제하는가?

진단, 형성, 총괄(총합)평가의 분류는 오랫동안 사용되어왔다. 고영희 외(2018)의 《평가의 재발견》에 따르면 총괄평가는 "일정한 기간 동안의 수업이나 일정한 단원의 학습 지도가 종결되었을 때 해당 단원, 학기, 학년 등의 학업에 관하여 성취도를 총합적으로 검사하여 성적을 평가하고 판정하며, 그 결과를 행정적 의사 결정에 반영하고, 학생이나 학부모에게 통지하려는 것이 목적이다." 또한 총합평가는 상대적으로 서열 등이 중시되는 평가라고 서술하고 있는데, 상대평가 목적의 총괄평가는 과정중심평가와 부합되지 않는다.

그러나 총괄평가의 결과를 형성적 목적으로 활용할 수 있다는 주장(Brennan, 2015)과 함께 기존의 시기에 따른 진단, 형성, 총괄의 구분 대신 형성적 기능과 총괄적 기능의 강조에 따라 혼합적 형성평가와 총괄 기반 형성평가 그리고 교실상황의 총괄평가와 대규모 표준화 검사를 통한 총괄평가로 세분화한 구분(McMillan, 2018, 한국교육과정평가원, 2018a 재참조)이 주목을 받고 있다.

Evaluate **교실수준의 형성평가와 총괄평가의 세분화 구분**

[한국교육과정평가원 2018a, 과정중심평가 내실화를 위한 교사의 평가 전문성 신장 방안 연구, 19쪽 내용을 기초로 재구성]

형성적 평가	혼합적 형성평가	매일, 지속적으로 실시간 이루어지는 교수와 학습이 실질적으로 혼합된 상태의 평가
	총괄 기반 형성평가	총괄평가 결과를 활용하여 학습을 향상시키기 위한 피드백과 교수활동을 하는 평가
총괄적 평가	교실상황의 총괄평가	학생들이 무엇을 알고 할 수 있는지를 나타내기 위해 점수나 등급을 부여하기 위한 평가
	대규모 표준화 검사를 통한 총괄평가	교사와 학교의 책무성 점검을 위한 평가

위 표에 따르면 총괄 기반 형성평가는 이전 분류에 따르면 총괄평가지만 형성적 기능이 뚜렷하므로 형성적 평가로 분류할 수 있다. 형성적 역할을 수행하는 총괄평가는 과정중심평가에 부합된다. 따라서 평가의 분류가 아니라 형성적 기능을 수행하는지의 여부가 과정중심평가의 포함 여부를 결정한다. 한국교육과정평가원(2018a, 19쪽)은 다음과 같이 총괄평가의 과정중심평가 포함을 지지하고 있다. "우리나라의 수업 상황에 기반하여 도입된 과정중심평가의 개념은 비단 학습의 과정에서 지속적으로 이루어지는 형성평가만을 강조하는 것은 아니며, 이와 동시에 총괄평가의 역할도 고려하고 있다고 볼 수 있다."

참고로 앞에서 설명한 '단원의 정리평가로서의 총괄평가'는 성취기준 도달 수준 판정과 함께 피드백을 강조하고 있으므로 형성적 기능을 수행하고 있다. 따라서 과정중심평가로 보는 것이 합당하다.

Q. 과정중심평가의 '과정'의 범위는?

학교 현장에서 '과정'의 범위에 대한 통일되지 않은 해석으로 인해 과정중심평가 운영에 혼란을 가져오기도 한다(한국교육과정평가원, 2018a, 과정중심평가 내실화를 위한 교사의 평가 전문성 신장 방안 연구, 53쪽). 해당 연구에서는 전문가 협의 결과 '과정'의 범위를 (1) 학기(학년) 단위, (2) 과제 단위, (3) 수업 단위의 3가지 범위로 분류했다.

과정의 범위를 무엇으로 보는가에 따라 과정중심평가의 운영 모습이 달라질 수 있다. 학교에서 과정중심평가의 성공적 운영과 교사들의 원활한 의사소통을 위해서 과정의 범위를 사전에 명확히 정할 필요가 있다. '과정' 범위별 과정중심평가에 대해서는 다음에 조금 더 살펴본다.

Q. 과정중심평가에서 신뢰도와 타당도는 중요한가?

교육부 훈령은 중등학교-지필평가에서 신뢰도와 타당도의 제고를 명시하고 있지만 초등학교의 평가와 수행평가에서는 신뢰도와 타당도에 대해 언급하지 않는다.

Evaluate **교육분 훈령에 언급된 신뢰도와 타당도**

[교육부(2019b), 학교생활기록 작성 및 관리 지침[시행 2019.3.1.], [별표 9] 교과학습발달상황 평가 및 관리]

> 4. 중학교 · 고등학교 평가방법, 나. 평가운영
>   (1) 지필평가 문제는 타당도, 신뢰도를 제고할 수 있도록 출제하고, 평가의 영역, 내용 등을 포함한 문항정보표 등 출제계획을 작성하여 활용하며, 동일 교과 담당교사 간 공동 출제를 한다.

교육부 훈령에서는 지필평가를 중간고사나 기말고사 같은 정기고사 개념으로 보고 있으므로, 훈령에 입각하여 중등학교의 수행평가와 초등학교의 모든 평가에서 신뢰도와 타당도는 중요하지 않다고 해석할 수 있다. 그러나 이 책에서는 모든 학교, 모든 평가에서 신뢰도와 타당도가 중요하다고 주장한다.

먼저 신뢰도는 앞에서 설명한 대로 평가결과의 정확성과 일관성을 의미한다. 그리고 이는 다시 평가의 공정성을 의미한다. 선택형 정기고사뿐만 아니라 서술·논술형 평가 그리고 수업 중 과정중심평가에서도 결과의 공정성을 점검해야 한다. 과정중심평가에서는 서열 정보가 목적이 되지 않으므로 알파 신뢰도로 대표되는 문항 내적 일관성 신뢰도가 아닌 채점자 내 신뢰도와 채점자 간 신뢰도를 사용하여 평가결과의 공정성을 점검할 수 있다. 채점자 내 신뢰도와 채점자 간 신뢰도는 3부를 참고하기 바란다. 한국교육과정평가원(2018a)은 과정중심평가의 공정성 확보를 위해 '공정한 채점 실시'와 '평가자 간 신뢰도 점검'을 제시하고 있다.

타당도는 평가결과가 평가목적에 얼마나 적합한지를 보여주는 지표다. 위에서 살펴본 것처럼 2015 개정교육과정 총론(교육부, 2015b), '2015 개정교육과정 구성의 중점'의 진술 "(중략) 평가결과를 활용하여 교수·학습의 질을 개선한다"에 따르면 과정중심평가의 목적을 '교수·학습의 질 개선'으로 볼 수 있다.

전통적으로 통계적 기법을 사용하는 준거타당도와 구인타당도보다는 전문적 판단을 요구하는 (내용타당도의 부분인) 교수타당도와 결과타당도를 통해 타당도를 점검할 수 있다. 교수타당도는 3부에서 설명한 대로 ① 평가과제의 내용(=지식과 기능)이 수업에서 다루어진 것과 얼마나 부합되는가, ② 학생들은 평가과제의 내용(=지식과 기능)을 학습할 기회가 주어졌는가의 질문을 통해 점검한다. 결과타당도(consequential validity)란 평가활동이 원래 의도한 기능을 수행하거나 목적을 제대로 달성하고 있는 정도를 의미한다. 평가의 사회적 영향력을 강조하기 때문에 '영향타당도'라고도 부른다. 과정중심평가의 결과타당도 점검을 위해 다음의 문제를 검토한다. ① 평가를 통해 실제로 교수·학습의 질이 개선되고 있는가? ② 개선되고 있다면 평가의 영향력은 어느 정도인가? ③ 평가결과 활용으로 인해 교수·학습에 나타난 부정적 영향이나 예상치 못한 영향은 무엇인가?

초등학교에서 그리고 교사별 수업 중 평가에서 신뢰도와 타당도를 점검할 필요성은 크지 않다. 그러나 중등학교에서 성적에 포함되는 과정중심평가인 경우 신뢰도와 타당도에 관심을 가질 필요가 있다. 2015 사회과 교육과정(교육부, 2015c), 205쪽을 보면 수행평가를 실시할 때 신뢰도와 타당도를 고려할 것을 다음과 같이 기술하고 있다. "수행평가는 자기평가나 동료평가, 포트폴리오, 연구 보고서 등 다양한 방법으로 타당도와 신뢰도에 유의하여 실시하며, 이를 확대 실시할 때는 더욱 이에 주의를 기울여야 한다."

공정성을 보여주는 신뢰도 확보를 위해서는 꼼꼼한 채점기준표 개발과 채점 작업이 중요하다. 내용타당도 확보를 위해서는 성취기준의 지식과 기능 혹은 태도와 해당 기준에 기반하여 개발된 문항 혹은 과제가 평가하는 지식과 기능 혹은 태도가 최대한 부합되어야 한다. 이 조건은 준거참조평가 설명에서 다룬 '문항과 목표의 부합성'과 같은 개념이다. 결과타당도 확보를 위해서는 평가결과가 학생의 학업 성장과 교사의 수업 개선에 긍정적으로 영향을 미치도록 노력해야 한다. 이러한 노력은 자연스럽게 피드백으로 연결된다.

과정중심평가, 수업의 과정과 피드백을 담다

　과정중심평가의 실행을 위한 원리는 무엇인가? 앞서 제시한 과정중심평가의 개념에 비추어 이를 잘 구현하기 위해 평가는 어떻게 실행해야 하는가? 이와 관련하여 2015 개정교육과정 총론의 학교교육과정 편성에서는 다음과 같은 평가 관련 지침을 제시하고 있다.

Evaluate　**2015 개정교육과정 평가관련지침**

[교육부(2105a), 2015 개정교육과정 총론 학교교육과정 편성, 33쪽]

> 가. 평가는 학생의 교육목표 도달도를 확인하고 교수 · 학습의 질을 개선하는 데 주안점을 둔다.
> 　1) 학교는 학생에게 평가결과에 대한 적절한 정보 제공과 추수 지도를 통해 학생이 자신의 학습을 지속적으로 성찰하고 개선할 수 있도록 지도한다.
> 　2) 학생 평가결과를 활용하여 수업의 질을 지속적으로 개선한다.

나 학교와 교사는 성취기준에 근거하여 학교에서 중요하게 지도한 내용과 기능을 평가하며 교수 · 학습
과 평가활동이 일관성 있게 이루어지도록 한다.
  1) 학생에게 배울 기회를 주지 않은 내용과 기능은 평가하지 않도록 한다.
  2) 학습의 결과뿐만 아니라 학습의 과정을 평가하여 모든 학생이 교육목표에 성공적으로 도달할 수
    있도록 한다.
  3) 학교는 학생의 인지적 능력과 정의적 능력에 대한 평가가 균형 있게 이루어질 수 있도록 한다.

다. 학교는 교과의 성격과 특성에 적합한 평가방법을 활용한다.
  1) 서술형과 논술형 평가 및 수행평가의 비중을 확대한다.
  2) 정의적, 기능적, 창의적인 면이 특히 중시되는 교과는 타당한 평정 기준과 척도에 따라 평가를 실
    시한다.
  3) 실험 · 실습의 평가는 교과목의 성격을 고려하여 합리적인 세부 평가 기준을 마련하여 실시한다.
  4) 창의적 체험활동은 내용과 특성을 고려하여 평가의 주안점을 학교에서 결정하여 평가한다.
  5) 전문 교과II의 실무 과목은 성취 평가제와 연계하여 내용 요소를 구성하는 '능력 단위' 기준으로
    평가할 수 있다.

앞서 제시한 과정중심평가의 개념과 2015 개정교육과정 총론의 평가 관련 지침
을 참고해 실행을 위한 원리를 제시하면 다음과 같다.

첫째, 과정중심평가는 학생의 서열 정보 산출을 목적으로 하는 규준참조평가가
아닌 준거참조평가로 이루어져야 한다. 준거참조평가는 학습자 또는 개인이 무엇
을 얼마만큼 알고 있는지를 준거에 비추어 재는 평가를 말하며(성태제, 2014), 여기에
서 준거는 피검사자의 자질이나 특성에 대한 수준별 기술(성공/실패, 미달/기초/보통/우
수)'(황정규 외, 2016) 혹은 '교사나 교과내용전문가가 해당 내용을 이해했다고 가정하
는 최저 학습목표'(성태제, 2014)로 정의된다. 교육과정의 성취기준, 평가기준의 정의
와 유사한 부분이 있다. 해당 원리에 따라 석차등급 산출만을 목적으로 하는 선택
형 지필 표준화시험(예, 기말고사)은 과정중심평가라고 말하기 어렵다.

둘째, 과정중심평가는 성취기준을 중심으로 이루어진다. 수업과 평가의 연계를 위해 과정중심평가는 반드시 성취기준에 기반을 둔다. 2015 개정교육과정의 성취기준, 평가준거 성취기준, 평가기준, 단원/영역별 성취수준에 대한 이해와 이에 기반을 둔 평가 수행능력은 과정중심평가 실천을 위해 필수적이다. 강대일 · 정창규(2018)는 과정중심평가를 위해서는 교육과정 문해력이 필요하며 특히 성취기준을 주목해야 한다고 주장했는데, 이는 해당 원리와 맥락을 공유한다.

Evaluate 성취기준의 강조

[교육부 · 한국교육과정평가원(2018), 초등학교 교사별 과정중심평가 이렇게 하세요, 12~13쪽 내용을 재구성]

> (1) 성취기준 분석
> - 과정중심평가계획은 반드시 교육과정의 성취기준에 근거하여 수립되어야 함
> - 교육과정–교수 · 학습–평가가 일관성을 갖추려면 교육과정 성취기준에 기반을 두고 교수 · 학습 및 평가가 이루어져야 하므로 성취기준 분석이 과정중심평가의 중요한 첫 단계임
> (2) 성취기준 분석에 따른 교육과정 재구성
> - 과정중심평가는 성취기준에 기반을 둔 평가이기 때문에 교사들은 성취기준의 의미를 잘 해석해서 평가계획에 반영해야 함

Evaluate 과정중심평가의 대표적인 평가방법 수행평가

[교육부 · 한국교육과정평가원(2017), 과정을 중시하는 수행평가 어떻게 할까요? – 중등]

> "수업 장면에서 과정중심평가의 방향성을 담을 수 있는 대표적인 평가방법이 '수행평가'라 할 수 있습니다. 수행평가는 학생이 직접 만든 산출물이나 학생의 수행 과정을 평가하는 것이므로 교수 · 학습의 결과뿐 아니라 교수 · 학습의 과정을 중시하는 평가입니다. 따라서 수행평가를 원래 의도하는 바대로 시행하면 그것으로도 충분히 과정중심평가의 방향성을 담을 수 있습니다." (4쪽)
> "수행평가는 교수 · 학습과 평가가 상호 통합적으로 진행되므로 다양한 교수 · 학습 방법이 곧 수행평가를 위한 좋은 평가 유형이 될 수도 있습니다." (9쪽)

셋째, 서술·논술형 평가를 포함하여 수행평가는 과정중심평가 실천을 위한 우선적 평가방법이다. 과정중심평가는 학습의 과정에 초점을 두고 과정을 타당하고 의미 있게 평가하고자 한다. 더불어 정의적 측면을 평가해야 하고 교과의 성격과 특성을 반영해야 한다. 이러한 과정중심평가의 특성을 수용할 수 있는 평가방법이 수행평가다. 또한 교수·학습과 평가의 연계를 위해서도 수행평가는 선택형 지필평가에 비해 훨씬 적합한 평가방법이다.

물론 과정중심평가에서 선택형 지필평가를 절대 사용하면 안 된다고 주장하는 것은 아니다. 상황과 목적에 따라 당연히 사용할 수 있다. 그러나 과정중심평가의 필요를 충족시키는 최선의 평가방법은 수행평가다. 과정중심평가를 위해서는 수행평가를 전제로 하고 오랜 기간 사용해온 선택형 지필평가 대신 수행평가를 중심으로 평가를 계획하고, 개발하고, 실시하고, 결과를 해석·활용해야 한다.

넷째, 과정중심평가는 성적산출 목적의 총괄적 평가가 아닌 형성적 평가로 이루어지며 피드백을 반드시 수반한다. 앞에서 살펴본 대로 과정중심평가의 최종 목적은 '학생 자신의 학습 성찰'과 '교수학습의 질 개선'이다. 이처럼 학생의 학습 성찰 및 성장과 교사의 수업 개선 및 성장을 지원하는 평가의 형성적 기능은 피드백을 통해 이루어진다. 과정중심평가 관련 문헌에서 피드백은 일관되게 강조되고 있다. 교육부와 한국교육과정평가원(2017)은 교육과정 – 수업 – 평가의 연계를 위해서 '성취기준 기반 수업과 평가계획' 그리고 '과정 중 피드백'을 강조하고 있다.

다섯째, 과정중심평가는 교실에서 교사를 통해 이루어진다. 대부분의 과정중심평가는 수업 중 이루어지며, 이 경우 교사별로 평가의 실시 시기, 유형, 방법, 과제 내용, 결과 활용을 다양하게 할 수 있고, 2015 개정교육과정은 이러한 교사별 평가를 권장한다. 반재천 외(2018)는 과정중심평가의 운영을 위해서 표준화된 평가 대신 교사별 평가가 필요함을 강조하며 '교사별 과정중심 학생평가'라는 용어를 사용하고 있다.

Evaluate **관련 문헌의 피드백 강조**

[강대일 · 정창규(2018), 《과정중심평가란 무엇인가》, 225쪽]
"과정중심평가에 있어서 중요한 것은 평가 그 자체보다는 평가 후 피드백에 있다고 해도 과언이 아닐 것이다."

[유영식(2017), 《교육과정-수업-평가를 일체화하는 과정중심평가》, 258쪽]
"피드백은 학생의 성장을 위한 '교사의 처방전과 약'이다."

[최무연(2018), 《교육과정 문해력, 배움을 디자인하다》]
"교육과정 수업 평가 일체화와 과정중심평가에서 평가의 핵심은 사실 이 피드백을 어떻게 주는 구조로 수업을 설정하느냐에 있습니다." (131쪽)
"피드백은 과정중심평가의 핵심 중 핵심입니다." (206쪽)

[한국교육과정평가원(2018b), 과정 중심 평가 적용에 따른 학교수준 학생평가 체제 개선 방안, 7쪽]
'과정중심평가의 특징. (8) 즉각적이고 개별적인 피드백 제공을 통한 학생의 학습 및 교사의 수업 개선.'

[교육부와 한국교육과정평가원(2017), 초등학교 교사별 과정 중심 평가 이렇게 하세요, 3쪽]
"교육과정, 교수 · 학습, 평가의 연계: 교육과정 성취기준을 기반으로 교수 · 학습과 평가계획을 세우고, 교수 · 학습 과정에서 자료를 다각도로 수집하여 적절한 피드백을 제공해야 함"

과정중심평가 운영의 중심인 교사는 지금까지 평가에서 요구되던 역량에 더하여 새로운 역량이 필요하다. 강대일 · 정창규(2018)는 과정중심평가를 위한 추가 교사 역량으로 교육과정 문해력과 학습전략 처방 능력을 우선적으로 요구하고 있다. 앞에서 살펴본 두 번째와 네 번째 원리를 통해 '성취기준 기반 교수 · 학습과 평가계획' 그리고 '즉각적이고 개별적 피드백'이 과정중심평가의 핵심이라는 것을 확인했다. 이를 위해 교사는 교육과정 문해력과 학습전략 처방 능력을 갖추어야 한다.

여기서 학습전략 처방 능력이란 개별 학생이 목표에 도달하기 위해 부족한 부분이 무엇인지 정확히 진단하고 이를 해결할 수 있는 학습전략을 수준별 맞춤형으로 처방해줄 수 있는 능력을 말한다. '수준별'은 학생의 목표 도달/미도달 수준에 따라 처방이 달라질 수 있다는 뜻이며, '맞춤형'은 개별 학생의 부족함에 따라 처방이 달라질 수 있다는 것을 뜻한다. 예를 들어, 초등학교 3학년 [4수01-05] '곱하는 수가 한 자리 수 또는 두 자리 수인 곱셈의 계산 원리를 이해하고 그 계산을 할 수 있다'라는 성취기준 기반 학습 과정에서 '(세 자리 수) × (한 자리 수)의 계산 원리를 이해하고 그 계산을 할 수 있다'라는 목표 기반 과정중심평가 결과 목표에 도달하지 못하는(=미도달 수준) 학생들이 생길 수 있다. 이들 중에는 '올림이 없는 경우는 정확히 계산하지만 올림이 있는 경우는 계산하지 못하는' 학생, '계산 원리는 이해하지 못하지만 기계적인 계산에는 능숙한' 학생, '원리는 이해하지만 정확히 계산하지 못하거나 계산 실수가 잦은' 학생 등이 있을 수 있다. 각 학생의 부족함 유형에 따라 맞춤형 처방이 필요하다.

평가를 계획하고, 개발하고, 수업시간에 평가를 실시하고 학생에게 맞춤형 피드백을 제공하고 기록하는 일은 생각보다 매우 힘든 업무다. 반재천 외(2018)의 설문조사에서 초등 교사들은 교사별 과정중심 학생평가를 위해 필요 조치로 '교사의 행정 업무(교수·학습과 직접 관련이 없는) 최소화'와 '교사별 학급 학생 수 적정화'를 들었다. 지금까지 해오던 다른 업무를 그대로 다 하면서 평가 관련 업무까지 추가되면 교사의 의욕과 성취감은 쉽게 사라진다. 의욕적으로 과정중심평가를 시작한 교사가 얼마 후 탈진되는 경우를 종종 보고 듣고 읽는다. "몇 달 그렇게 했는데 이젠 힘들어서 못 하겠어요. 올해는 어떻게 버텼지만 내년에는 안 하려고요."

교사의 헌신을 요구하는 과정중심평가

[김덕년 외(2018), 《배움을 확인하고 성장을 지원하는 과정중심평가》 중]

교사 최우성

"과정중심평가는 순전히 교사의 몫이 크다. (중략) 과정중심평가는 피드백을 수시로 주는 관계를 만들어야 하기에 많은 시간과 에너지가 든다. (중략) 교사들은 수업시간과 수업 외 시간을 예전보다 훨씬 많이 투자해야 한다."

교사 박병두

"기록하기가 쉽지 않다. 또한, 관찰한 것을 기록하는 동안에는 피드백을 바로 해줄 수 없다는 한계도 있다. (중략) 교사가 기록하는 모습 자체가 학생들에게 무언의 압력으로 다가갈 수 있다는 염려도 있다."

교사의 전문성을 완성하는 세 글자: 피.드.백

과정중심평가에서 피드백의 중요성은 지금까지 수차례 다뤘으며 피드백의 유형과 요건 등을 살펴보았다. 여기서는 피드백 내용을 다시 간략하게 정리해보자.

Evaluate 피드백으로 성장을 지원하는 교육평가

정의
: 학습 진행 과정에서 학생의 현 위치를 정확히 짚어줌으로써 학습목표와의 차이를 좁힐 수 있도록 향후 학습을 돕는 정보 혹은 정보 제공 활동

성공적 피드백 요건
: ① 유동적 단계에서 제공되고, ② 구체적이고 명확하게, ③ 평가 후 즉각적으로 제공되고, ④ 지속적으로 제공되고, ⑤ 친절한 피드백

피드백 유형
: 모범답안 또는 문제풀이, 평가 요소별 가정통지표, 개별 면담, 진술문

'비계설정 계획'의 교사 활동으로 제시된 내용은 성태제(2019)에 따르면 비계설정식 피드백으로 볼 수 있으며 교수방법의 일종이다. '교사의 자기 피드백'은 교사의 준거참조 피드백으로 볼 수 있다. 비계설정식 피드백과 다른 피드백의 차이는 평가 행위 여부다. 비계설정식 피드백은 명확한 평가 행위 없이도 가능하지만 다른 피드백은 평가 행위 후 평가결과에 따라 피드백이 이루어진다. 이 책에서 강조하는 피드백은 성태제(2019)의 형태 분류를 따르면 '목표지향적 피드백과 준거참조 피드백'으로 칭할 수 있다.

`Evaluate` 피드백의 형태

[성태제(2019), 《현대교육평가》 5판, 96~97쪽 내용을 기초로 재구성]

- **목표지향적 피드백: 학습목표에 도달하기 위해 학습자에게 수업목표에 대한 정보를 제공한다.**
- 비계설정식 피드백: 학생의 학습목표를 달성하기 위해 교사가 과제를 나누어서 제시하거나, 이전 단계에서 다음 단계로 넘어갈 때 도움닫기가 될 수 있는 보충자료를 제공하면서 가르치는 교수방법이다.
- 자기참조 피드백: 학생이 자신의 과업 및 기대치를 이전 성과와 비교하는 것을 말한다.
- **준거참조 피드백: 학생의 성과를 성취 목표나 기준 및 예시에 비추어 제공하는 것으로 학생을 다음 단계로 향상시키는 데 매우 중요하고 효과적인 피드백이다.**
- 규준참조 피드백: 상대적 위치에 대한 정보만 제공하여 무엇을 얼마만큼 아는지에 대한 정보를 제공하지 못하므로 교수·학습에 도움을 주지 못한다.

과정중심평가 운영을 위한 피드백 원리는 다음과 같다.

수업, 평가계획과 함께 피드백을 계획

물론 사전 계획 없이 수업의 맥락에서 반응적(즉각적)으로 제공되는 피드백 또한 학생의 성장을 위해 유용하고 필요하다(예, 수학 수업 중 순회지도와 즉각적 맞춤형 피드백).

그러나 사전에 학생의 반응(응답)을 예상하여 어떠한 학습전략을 처방할지 피드백을 계획하고, 수업 중 피드백을 제공하고, 필요한 경우 추후 피드백을 보완 개선하는 활동은 학생의 학습을 효과적으로 지원하기 위해, 그리고 교사 자신의 학습전략 처방 능력 신장을 위해 필요하다. 학생이 교사가 예상하지 못한 응답을 할 수 있고, 이 경우 교사는 사전에 계획한 피드백 내용이 아니라 즉각적으로 그 학생에게 더 적합한 피드백을 제공하는 것이 자연스럽다. 추후 교사는 자신의 수업과 평가 그리고 피드백의 계획과 전개를 되돌아보면서 피드백을 보완하고 개선할 수 있다. 교사의 수업과 평가가 성장하는 것처럼 교사의 피드백도 성장한다.

총괄기반 피드백과 형성기반 피드백 모두 필요

단원이나 영역의 학습 마무리 시점에서 학생의 과제 수행 결과에 근거하여 성취기준의 도달 정도와 성장을 확인하고 추후 학습활동에 반영하도록 도움을 주는 것을 '총괄기반 피드백'이라고 할 수 있다(한국교육과정평가원, 2018a). 교수·학습 과정에서 학생의 학습상태를 확인하고 목표에 도달하도록 도움을 주는 것을 '형성기반 피드백'이라고 할 수 있다. 물론 과정중심평가 본연의 목적에 비추어 형성기반 피드백이 강조되는 것이 당연하지만 총괄기반 피드백도 적절하게 사용하는 것이 실용적이다. 예를 들어, 단원 학습 후 학부모에게 성장을 담은 평가결과를 알리는 것은 학생의 성장을 지속적으로 돕기 위한 것이다. 이는 총괄기반 피드백이라고 할 수 있다.

목적과 교실 상황에 맞는 피드백

한 유형의 피드백이 모든 평가 목적과 교실 수업 상황에서 최선일 수는 없다. 교사는 평가 목적과 수업 상황에 따라 '과정'의 범위(학기 혹은 단원 단위, 과제 단위, 수업 –

차시 단위), **피드백 목적**(예, 수업 중 목표 도달, 후속 차시 수업 설계 정보, 최종 성취수준 판정과 추수지도), **계획성과 형식성, 구체성**(예, 반복 문제풀이, 오류 개선을 위한 전략 제공, 자신의 오류를 찾아내는 자기성찰), **제공 양식**(예, 마킹, 면담, 긴 글), **대상**(개인, 학급 내 소집단, 전체 학급), **제공자**(교사, 동료, 자기성찰) 등을 복합적으로 고려하여 최적의 피드백을 찾아 사용하는 것이 실용적이다.

`Evaluate` 목적과 교실 상황에 맞는 피드백 예시

1) 차시 수업 중
2) 수학 3단원의 '(세 자리 수)÷(몇십)의 계산 원리를 이해하고 계산할 수 있다'의 학습목표 도달을 돕기 위해
3) 수업 및 평가계획과 함께 미리 피드백을 계획
4) 계산 결과를 곱셈으로 확인해보도록 지도
5) 충분한 상호 대화를 통한 지도
6) 개별 학생에게 교사가 피드백을 제공

2015 개정교육과정에서는 성취기준에 근거한 평가를 통해 모든 학생이 교육목표에 성공적으로 도달하도록 해야 한다고 설명하고 있다. 교육목표 도달에 어려움을 겪고 있는 학생을 도와서 목표에 도달하도록 돕는 것이 피드백의 역할이다. 전체 학생들에게 즉각적 맞춤형 피드백을 제공하는 것이 이상적이겠지만, 수업 상황에서 교사의 제한된 시간과 에너지를 고려하면 교육목표 도달에 어려움을 겪고 있는 학생에게 우선적으로 피드백을 제공하기를 권한다. 학습 곤란 학생의 우선적 피드백 제공은 학습 부진 발생 예방에도 도움이 된다.

Evaluate 성취기준에 근거한 평가

[2015 개정교육과정 총론 해설 – 초등학교, 101쪽]

> 나. 학교와 교사는 성취기준에 근거하여 학교에서 중요하게 지도한 내용과 기능을 평가하며 교수ㆍ학습
> 과 평가활동이 일관성 있게 이루어지도록 한다.
> 2) 학습의 결과뿐만 아니라 학습의 과정을 평가하여 모든 학생이 교육목표에 성공적으로 도달할 수
> 있도록 한다.

Evaluate 즉각적인 맞춤형 피드백의 제공

[유영식(2017), 《교육과정–수업–평가를 일체화하는 과정중심평가》]

> "공교육을 살리기 위해 과정중심평가가 필요하다"
> "과정중심평가는 평가를 통하여 학생의 수준과 특성을 진단하고, 평가가 이루어지는 수업에서 즉각적인
> 맞춤형 피드백을 제공하여 학생의 학습 부진 발생을 예방할 수 있다."

Evaluate 과정의 범위에 따른 과정중심평가의 의미

[한국교육과정평가원(2018a), 과정중심평가 내실화를 위한 교사의 평가 전문성 신장 방안 연구,

53~54쪽 내용을 기초로 재구성]

과정범위	과정중심평가의 의미	활용 예
학기단위 (단원)	학기(단원 등) 단위에 구성된 성취기준에 대해 교수ㆍ학습 과정에서 나타나는 학생의 전반적 특성에 대한 평가	학기 초 평가계획을 수립할 때
과제단위	성취기준 도달을 위해 과제를 최종적으로 수행하기까지의 과정을 고려하여 과제 해결 과정에서 나타나는 학생의 전반적 특성에 대한 평가	프로젝트 수업 등에서 과제를 해결하는 과정에서 나타나는 학생의 전반적 특성을 평가할 때

과정범위	과정중심평가의 의미	활용 예
수업단위 (차시)	학습목표(성취기준)에 도달하기까지 수업 과정에서 나타나는 학생의 전반적 특성에 대한 평가	차시별 수업의 과정을 고려할 때 전반, 중반, 후반의 각 국면에서 학생들이 보이는 특성에 대한 평가와 그에 따른 피드백을 계획할 때

과정중심평가의 '과정'의 범위는 학기 단위, 과제 단위, 수업(차시) 단위로 나눌 수 있다(한국교육과정평가원(2018a). 과정의 범위를 무엇으로 설정하고 해석하느냐에 따라 과정중심평가를 이해하고 실천하는 모습이 달라진다.

먼저 과정의 범위가 과제 단위인 경우부터 보자. 성취기준과 이에 기반한 수업 및 평가계획은 앞에서 본 내용과 동일하다. 과제 단위에서 수업이 '지식 습득 → 지식 활용과 기능 습득 → 수행 결과물 산출'로 진행되면서 수업을 돕기 위해 평가형태가 '지필 위주 형성평가와 피드백에서 활동 중심 수행평가와 피드백'으로 바뀌는 것을 볼 수 있다.

다음은 과정의 범위가 수업(차시)인 경우다. 학습목표 ① 덧셈, 뺄셈, 곱셈, 나눗셈, ( )가 섞여 있는 식의 계산 순서를 설명할 수 있다. ② 식의 계산 순서에 맞게 계산할 수 있다. 이를 살펴보면 절차적 지식(혼합 계산식의 계산 순서) 학습이 중심이 되고, 기능(설명하기, 계산하기)을 통해 지식을 활용하고 있다.

학습목표에 기반한 수업은 도입, 전개 ① 혼합 계산식을 간단한 경우부터 복잡한 경우로 확장하여 나타내고 계산하기 활동, ② 오류가 있는 풀이의 오류를 찾고 수정하여 계산하는 활동, ③ 괄호를 포함한 혼합식과 포함하지 않은 혼합식을 비교하고 계산하는 활동, 정리 순서로 구성된다.

수업 전개 과정에서 이루어지는 지필문제 풀기, 구술('계산 순서를 말해보세요'), 교사 관찰은 수업활동이면서 동시에 과정중심평가 활동이 된다. 예를 들어 과정중심평가 2-2번 지필 문항 해결에 어려움을 겪는 학생에게 교사는 맞춤형 피드백을 즉각적으로 제공한다.

[Evaluate] **'과정의 범위'가 과제 단위일 경우 과정중심평가 예**

과목&단원	국어과 5학년 1학기 6단원			
성취기준	듣기 · 말하기: [6국01–02] 의견을 제시하고 함께 조정하며 토의한다. 쓰기: [6국03–06] 독자를 존중하고 배려하며 글을 쓰는 태도를 지닌다.			
성취기준 기반 수업 및 평가계획	**수업단계**	**교수 · 학습 활동**	**평가계획**	**핵심질문**
	토의과정 이해하기 (1차시)	토의의 뜻과 필요성 알기 기본적인 절차와 방법 알기 토의단계 및 토의과정 알기	[형성평가1] 토의 관련 지식 확인	토의의 기본적인 절차와 방법을 알고 있는가?
	토의주제 생각하기 (2차시)	토의주제 선정하기 주제와 관련된 주요 내용 이해하기 토의주제를 친구에게 소개하기	[형성평가2] 토의주제 내용 확인	토의주제와 관련된 주요 내용을 이해하고 있는가?
	토의과정 실행하기 (3차시)	토의주제 관련 문제상황 찾기 토의주제에 대한 자기 의견 정하기 토의주제에 대한 모둠의견 세우기	[수행과제1] 문제상황과 의견 작성	문제상황을 찾아 토의를 통해 의견을 조율하는가?

성취기준 기반 수업 및 평가계획	수업단계	교수·학습 활동	평가계획	핵심질문
	모둠의견 공유하기 (4차시)	결정된 모둠 토의의견 확인하기 결정된 모둠 토의의견 공유하기 토의의견 나눔 후 상호 평가하기	[수행과제2] 토의의견 공유 및 상호평가	결정된 모둠 토의의견을 나누며 상호평가에 잘 참여하는가?
	토의내용 정리하기 (5차시)	모둠별 토의의견 보완하기 확정된 모둠 토의의견 정리하기 토의의견 게시 후 상호 피드백하기	[수행과제3] 토의의견 정리 작성 및 상호피드백	토의의견을 정리하여 상호 피드백 활동에 잘 참여하는가?

해석	1차시: 성취기준의 지식(토의의 절차와 방법) 습득 강조 2~4차시: 성취기준의 지식 활용 + 기능(조정하며 토의하기, 독자 배려 글쓰기) 강조 5차시: 수행 결과물(모둠별 게시자료) 중심 + 마무리로 구성 1차시: 지필 위주 형성평가를 통해 (개념 이해, 절차적) 지식의 습득을 확인하고 피드백 2차시: 수행 결과물 산출을 위한 첫 단계인 개별 인지적 활동을 지필 위주 형성평가로 학습 지원 3~5차시: 수업의 모둠 토의 활동과 연계하여 활동지 형태의 수행평가를 통해 학습 지원

3차시 수행 과제의 피드백 구안	수준	정보	피드백 방안(제시)
	도달	토의활동에 의견을 제시하고 모둠의견을 조정하여 결정한 내용을 잘 발표할 수 있다.	

수준	정보	피드백 방안(제시)
미도달	토의활동에서 의견을 제시하고 모둠의견을 조정하여 결정할 수 있다.	모둠의견 결정 후 다른 친구들에게 논리적으로 발표할 수 있도록 토의활동을 다시 한번 상기시킵니다. 특히 Opinion 단계에서 모둠의 의사결정이 어떻게 이루어졌는지 공책을 살펴보고 발표할 내용을 정리하도록 지도합니다.
		(예) 근하는 자기와 친구 공책을 비교하여 살펴본 후 자기 의견을 정리하여 토의에 참여하였습니다.
	토의활동에서 의견제시가 불명확하고 모둠의견을 잘 조정하지 못한다.	토의활동에서 의견을 분명하게 제시하지 못하는 원인은 대부분 Problem 단계에서 문제를 제대로 파악하지 못했기 때문입니다. 따라서 자기 의견을 정하기 전 어린이 신문기사의 핵심내용을 제대로 파악했는지 살펴보고 어려운 용어 등 기사를 먼저 이해할 수 있도록 지도합니다.
		(예) 진영이는 신문기사를 읽어보고 이해하지 못한 개념 설명을 다시 들음으로써 토의활동에서 자기 의견을 명확하게 내세울 수 있었습니다.

3차시 수행 과제의 피드백 구안

* 교사는 미도달 학생의 교육목표 도달에 집중하여 도달 수준 학생의 피드백 방안을 생략하였다. 가능하다면 해당 피드백도 구안할 것을 권장한다.

수업을 마무리하고 지필, 구술, 관찰, 동료평가에서 학생들의 응답을 분석하고 필요한 경우 다음 차시의 수업계획을 수정할 수 있다. 예를 들어, 괄호가 있는 계산식의 계산 순서를 혼동하는 학생들이 있다면 다음 차시인 '도전 수학 – 문제를 만들어 볼까요' 수업에서 괄호가 있는 계산식의 계산을 다시 한번 연습할 수 있도록 '식 카드'를 구성한다.

Evaluate '과정의 범위'가 차시수업단위일 경우 과정중심평가 예

[교육부(2015g), 《초등학교 수학 5-1 교사용지도서》, 125~126쪽, 140~141쪽 내용을 기초로 재구성]

단원&차시	수학과 5-1, 1단원 '자연수의 혼합 계산', 총 9차시 중 6차시			
학습목표	① 덧셈, 뺄셈, 곱셈, 나눗셈, ( )가 섞여 있는 식의 계산 순서를 설명할 수 있다. ② 식의 계산 순서에 맞게 계산할 수 있다.			
교수 · 학습 과정안	**단계**	**교수 · 학습 활동**	**평가계획**	**평가방법 & 평가도구**
	도입	전 차시 상기 및 문제 상황 이해하기	[진단평가활동] 전 차시 학습에 대한 확인 [수업의 문제상황 이해하기]	5차시 평가결과 정보 활용
	전개	주어진 상황을 덧셈, 뺄셈, 곱셈, 나눗셈이 섞여 있는 혼합 계산식으로 나타내고 계산하기	[과정중심평가1 + 피드백] - 여러 개의 식을 하나의 식으로 묶어서 쓸 수 있는가? - 덧셈, 뺄셈, 곱셈, 나눗셈이 섞여 있는 혼합 계산식의 계산 순서를 이해하고 있는가?	관찰, 지필 교과서 18쪽 1번 지필평가 문항과 구술(말해 보세요) 활용 가능
		혼합 계산식의 풀이 과정을 검토하고, 옳게 계산하기	[과정중심평가2 + 피드백] - 지혜와 준기 중 누구의 생각이 옳은지 찾고, 그렇게 생각한 이유를 설명할 수 있는가?	교과서 19쪽 2번 지필평가 문항과 관찰 및 동료평가
		괄호가 없을 때와 있을 때의 덧셈, 뺄셈, 곱셈, 나눗셈이 섞여 있는 식의 계산 순서를 비교하기	[과정중심평가3 + 피드백] - 두 식의 차이를 비교하고 계산 순서에 맞게 설명할 수 있는가?	교과서 19쪽 3번 지필평가 문항과 관찰

	단계	교수 · 학습 활동	평가계획	평가방법 & 평가도구
교수 · 학습 과정안	정리	정리 및 차시예고	[학습 결과 확인] – 현 차시의 평가결과들을 분석하고 필요시 7차시 수업 및 평가계획을 수정	필요한 경우, 사후 평가

해석	– 차시의 학습목표 도달을 위해 ① 혼합 계산식을 간단한 경우부터 복잡한 경우로 확장하여 나타내고 계산하기 활동, ② 오류가 있는 풀이의 오류를 찾고 수정하여 계산하는 활동, ③ 괄호를 포함한 혼합식과 포함하지 않은 혼합식을 비교하고 계산하는 활동 등 수업의 전개에 따라 단계별로 과정중심평가와 피드백이 이루어지고 수업과 연계되어 학생들의 학습목표 도달을 지원하고 있다. – 학습목표를 보면 절차적 지식(혼합 계산식의 계산 순서) 학습이 중심이 되고 기능(설명하기, 계산하기)을 통해 지식을 활용하고 있다. 지필평가, 구술평가, 관찰평가는 평가방법으로 적합하다.

과정 중심 평가2 – 피드백 구안	**관련 학습목표:** ① 덧셈, 뺄셈, 곱셈, 나눗셈, ( )가 섞여 있는 식의 계산 순서를 설명할 수 있다. ② 식의 계산 순서에 맞게 계산할 수 있다. 평가 초점: 주어진 혼합 계산식 풀이의 옳고/틀림을 판단하고, 틀린 부분을 찾고, 계산 순서에 맞게 계산할 수 있다.

수준	정보	피드백 방안(제시)
도달	풀이가 틀렸음을 알고 계산하는 순서를 바르게 제시하고 계산함	덧셈, 뺄셈, 곱셈, 나눗셈, ( )가 포함된 다른 혼합 계산식을 직접 만들고, 계산 순서에 맞게 계산하게 한다.

수준	정보	피드백 방안(제시)
미도달	풀이가 맞는지 틀리는지 이유를 들어 설명하지 못함	풀이가 맞는지 틀리는지 스스로 다시 판단해보고 모둠 친구들과 논의를 통하여 옳고 그른 이유를 검토하여 정리해보게 한다.
		(예) 현우는 모둠 친구들의 설명을 듣고 자기 혼합 계산의 풀이가 어디에서 잘못되었는지를 깨닫고 설명할 수 있었습니다.
	잘못된 부분을 바르게 고쳐서 계산하지 못함	혼합 계산식을 계산하는 순서를 다시 한번 정리하고, 주어진 혼합 계산식을 새롭게 도식화하여 계산 순서를 정리한 후 순서대로 계산하도록 지도한다.
		(예) 윤경이는 짝꿍의 설명을 듣고 자신의 혼합 계산식이 왜 틀렸는지 이해하고 잘못된 부분을 바르게 고쳐 계산했습니다.

과정 중심 평가2 – 피드백 구안

교육평가를 완성하는 것은 교사입니다

수년 전부터 교실 평가에 커다란 변화가 일기 시작했습니다. 제 경우 대학 시절부터 평가를 공부해왔고, 실제로 여러 해 동안 학생들을 평가하기도 했지만 평가에 대한 이런 변화를 어떻게 읽어야 할지 고민이 되었습니다. 특히 평가 문제로 혼란스러워하는 다른 선생님들을 만날 때마다 지금까지 온전한 평가를 실천하고 있었는지 스스로를 성찰하곤 했습니다. 이 책은 저처럼 교육평가의 변화라는 낯선 흐름 앞에서 혼란을 겪고 있을 교사들에게 작은 도움이 되고 싶다는 바람으로 시작했습니다.

이 책에서 다룬 교육과정 문해력과 학습전략 처방 능력은 특히 과정중심평가 경험이 많지 않은 교사에게는 어려운 숙제일 것입니다. 하지만 성취기준에 직면한 교사라면 자신만의 수업과 평가를 만들어 그 안에서 학습전략을 어떻게 수립할지 길을 찾는 데 도움이 될 것입니다. 주어진 교과서와 평가 자료는 교사 수업과 평가를 위한 참고용 자료일 뿐 절대적인 정답이 될 수 없기 때문입니다. 표준화된 교과

서와 평가 자료는 교사마다 다를 수밖에 없는 수업과 평가 그리고 학습전략 처방을 위한 해결책이 되지 못한다는 것이 이유겠지요.

학생의 성취 결과를 확인하기 위한 평가와 비교했을 때 학생의 성장 지원을 목적으로 하는 평가, 즉 과정중심평가는 교사의 고민과 땀을 훨씬 더 많이 요구하는 게 사실입니다. 개인 교사 홀로 이 모든 짐을 지고 가기란 너무 힘겨우니 공동체와 함께할 것을 권합니다. 교사의 시간과 에너지를 학생의 성장을 위해 효율적으로 투자할 수 있도록 학교와 공동체가 도와야 합니다. 학교 전체가 '학생 성장'이라는 공통의 목표를 가지고 서로 돕고 조언하며 함께하는 것이 이 시대의 과업일지도 모르겠다는 생각이 듭니다.

공동체에서 배우고, 이미 과정중심평가를 실천하고 있는 동료의 사례를 꼼꼼히 참고하고, 공동체의 조언과 함께 자신의 수업과 평가 그리고 학습전략 처방을 계획－실행－성찰해야 합니다. 교사의 수업과 평가 그리고 학습전략 처방을 공동체와 함께 고민한다면 교.사.성.장이 보다 수월해질 것이라 믿습니다.

또 학교와 교실 그리고 수업 상황에서 교사 본인의 경험과 능력에 맞게 과정중심평가를 실천해보세요. 교사마다 수업의 형태가 다르듯 모든 교사의 과정중심평가가 다른 모습을 가지는 것 역시 자연스럽습니다. 여유로운 교실 상황과 복잡한 교실 상황에 적합한 과정중심평가의 모습은 당연히 다를 것입니다. 가르치는 사람에게 수업을 계획-실행-성찰하는 것이 일상이듯이 과정중심평가도 마찬가지입니다. 학년 혹은 학기 중 특정 시기와 특정 교과, 혹은 특정 주제에서만 이루어지는 과정중심평가는 단순한 행사일 뿐이니까요. 궁극적으로 교실의 모든 수업에서 과정중심평가를 실천하는 것이 중요합니다.

최고의 과정중심평가 방법은 교사의 섬세한 관심에서 시작됩니다. 학생이 학습 과정 중 어떤 부분에서 무엇을 힘들어하는지 파악하여 어려움을 공감해주고, 한 걸음씩 나아갈 수 있게 이끌며, 지치지 않게 격려해주는 것이 교사의 중요한 평가 역할입니다. 결국 교육평가를 완성하는 것은 교사입니다. 학생 개개인의 성장을 돕기 위한 선생님의 도전을 힘차게 응원합니다!

참고문헌

강대일, 정창규 (2018). 과정중심평가란 무엇인가. 서울: 에듀니티.

고영희, 윤지영, 이루다, 이성국, 이승미, 정연찬 (2018). 평가의 재발견. 서울: 맘에드림.

교육부 (2013a). 성취기준, 성취수준, 예시평가문항.

교육부 (2013b). 2015 개정교육과정에 따른 초등학교 핵심 성취기준의 이해.

교육부 (2014a). 2015 개정교육과정에 따른 초등학교 핵심 성취기준의 이해_5, 6학년.

교육부 (2014b). 2015 개정교육과정에 따른 중학교 핵심 성취기준의 이해.

교육부 (2015a). 초·중등학교 교육과정 총론, 교육부 고시 제2015-74호 [별책 1].

교육부 (2015b). 초등학교 교육과정, 교육부 고시 제2015-74호 [별책 2].

교육부 (2015c). 2015 사회과 교육과정, 교육부 고시 제2015-74호 [별책 7].

교육부 (2015d). 2015 과학과 교육과정, 교육부 고시 제2015-74호 [별책 9].

교육부 (2015e). 2015년도 초등학교 학교생활기록부 기재요령.

교육부 (2015f). 교사용지도서 과학 5-1.

교육부 (2015g). 교사용지도서 수학 5-1.

교육부 (2016). 2016년 11월 24일자 교육부 보도자료.

교육부 (2017). 과정을 중시하는 수행평가 어떻게 할까요? - 초등 - . 한국교육과정평가원.

교육부 (2018). 학교생활기록 작성 및 관리지침. 교육부(교수학습평가과).

교육부 (2019a). 중학교 교사별 과정중심평가 이렇게 하세요 - 역사. 교육부, 충청남도 교육청, 한국과학창의재단.

교육부 (2019b). 학교생활기록 작성 및 관리 지침[시행 2019.3.1.] [별표 9] 교과학습발달상황 평가 및 관리. 교육부

교육부, 대전광역시교육청 (2016). 2015 개정교육과정 교수 · 학습자료 수학 초등학교 1-2학년.

교육부, 한국교육과정평가원 (2018). 초등학교 교사별 과정중심평가 이렇게 하세요. 연구자료 ORM 2018-87-1.

권대훈 (2008). 교육평가 2판. 서울: 학지사.

김덕년, 강민서, 박병두, 김진영, 최우성, 연현정, 전소영 외 (2018). 배움을 확인하고 성장을 지원하는 과정중심평가. 서울: 교육과실천.

김성숙, 김희경, 서민희, 성태제 (2015). 교수 · 학습과 하나되는 형성평가. 서울: 학지사.

김재춘, 부재율, 소경희, 양길석 (2017). 예비 · 현직 교사를 위한 교육과정과 교육평가 5판. 서울: 교육과학사.

김혜경 외 (2016). 성장과 발달을 돕는 초등 평가 혁신. 서울: 맘에 드림.

반재천 외 (2018). 2015 개정교육과정에 따른 교사별 과정중심평가 활성화를 위한 학생평가모형 개발연구. 교육부.

백순근 (1998). 중학교 각 교과별 수행평가의 이론과 실제. 서울: 원미사.

백순근 (2002). 수행평가: 이론적 측면. 서울: 교육과학사.

성태제 (2014). 교육평가의 기초 2판. 서울: 학지사.

성태제 (2019). 현대교육평가. 서울: 학지사.

신혜진, 안소연, 김유원 (2017). 과정 중심 평가 활용의 정책적 분석. 교육과정평가연구, 20(2), 135-162.

유영식 (2017). 교육과정 – 수업 – 평가를 일체화하는 과정중심평가. 서울: 테크빌교육(즐거운학교).

이경화, 강현영, 고은성, 이동환, 신보미, 이환철, 김선희 (2016). 과정중심평가의 실행을 위한 방향 탐색. 수학교육학연구, 26(4). 819-834.

이근호, 곽영순, 이승미, 최정순 (2012). 미래 사회 대비 핵심역량 함양을 위한 국가 교육과정 구상. 한국교육과정평가원. 연구보고 RRC 2012-4.

이형빈 (2015). 교육과정－수업－평가 유형과 학생 참여 양상 연구: 혁신학교 사례를 중심으로. 박사학위논문, 경희대학교.

정민수 (2015). 성찰협력형 수업연구에 대한 실행연구. 열린교육연구. 23(1). 75-104.

정민수 (2016). 수업성숙도, 교사의 강점을 담다. 서울: 행복한미래.

정민수 (2017). 수업성숙도를 통한 성찰협력과정에 대한 실행연구. 교육방법연구. 29(1). 49-78.

정창규, 강대일 (2016). 평가란 무엇인가, 서울:에듀니티.

조현영 (2017). 백워드 설계, 역량중심의 교육과정 설계 모형으로서 재구조화할 수 있는가. 한국연구재단(NRF)연구성과물.

한국교육과정평가원 (2001). 제7차 교육과정에 따른 초등학교 수학과 성취기준과 평가기준 예시평가도구 개발 연구. RRE 2001-4-4.

한국교육과정평가원 (2013). 중학교 성취평가 운영 지원 자료집-수학.

한국교육과정평가원 (2014a). 중학교 성취평가제와 평가도구 개발 수학.

한국교육과정평가원 (2014b). 창의인성교육을 위한 학생평가 어떻게 할까요? 홍보자료 PIM 2014-7.

한국교육과정평가원(2016a). 2015 개정 교육과정에 따른 초·중학교 수학과 평가기준 개발 연구. 연구보고 CRC 2016-2-6.

한국교육과정평가원(2016b). 학생의 성취도 파악을 위한 평가결과 분석 이렇게 하세요－개정판－.

한국교육과정평가원 (2017). 과정을 중시하는 수행평가 어떻게 할까요. 연구자료 ORM 2017-19-2.

한국교육과정평가원 (2018a). 과정중심평가 내실화를 위한 교사의 평가 전문성 신장 방안 연구. 연구보고 RRE 2018-5.

한국교육과정평가원 (2018b). 과정중심평가 적용에 따른 학교수준 학생평가 체제개선방 안. KICE 이슈페이퍼 ORM 2018-39-7.

한국교육평가학회 (2004). 교육평가용어사전. 서울: 학지사.

홍수향, 장인실, 김태선 (2017). 합의적 질적 연구를 통한 초등교사의 과정중심평가에 대한 인식. 교육과정연구, 35(4). 47-69.

황정규 외 (2016). 교육평가의 이해 2판. 서울: 학지사.

Anderson, Lorin W., Krathwohl, and David R. (2001 Eds.). A Taxonomy for Learning, Teaching and Assessing: A Revision of Bloom's Taxonomy of Educational Objectives. New York: Longman.

Brennan, R. I. (2015). 교육측정 2(한국교육평가학회, 재미한인교육연구자협회 역). 서울: 학지 사. (원저는 2006년 출판)

Brookhart, S, M. (2003). Developing measurement theory for classroom assessment purposes and uses. Educational Measurement: Issues and Practice, 22(4), 1-5.

McMillan, J. H. (2018). Classroom Assessment: Principles And Practice that Enhance Student Learning and Motivation., 7h edition. Boston: Pearson/ Allyn & Bacon, Inc.

Glaser, R. L. (1962). Psychology and instructional technology, In R. L. Glaser(ed.), Training research and education(559-78). Pittsburgh, PA: University of Pittsburgh Press.

Sadler, D. R. (1989). Formative assessment and the design of instructional systems. Instructional Science, 18*2), 119-141.

Shepard, L, A. (2000). The Role of assessment in a learning culture. Educational Researcher, 29(7), 4-14.

Stiggins, R. J. (1994). Student-centered classroom assessment. Upper Saddle River, NJ: Mrrrill/Prentice Hall.

Stiggins, R. J. (2005). From formative assessment to assessment FOR learning: A path to success in standards-based schools, Phi Delta Kappan, 87(4), 324-328.

Swaffield, S. (2011). Getting to the heart of authentic assessment for Learning. Assessment in Education: Principles, Policy & Practice, 18(4), 433-449.

Wiggins, G., & McTighe, J. (1998). Understanding by design. Alexandria, VA: Association for Supervision and Curriculum Development.

Wiliam, D. (2018). Embedded formative assessment(2nd ed.). Bloomington, IN: Solution Tree Press.

Wiliam, D., & Leahy, S. (2007). A theoretical foundation for formative assessment. In J. H. McMillan (Eds), Formative classroom assessment: Theory into practice (pp. 99-118). New York: Teachers College Press.

http://ncic.go.kr/mobile.mest.br6.view.do#, (초등학교) 2015 개정교육과정에 따른 평가기준(3-4학년)

http://ncic.go.kr/mobile.kri.org4.inventoryList.do, 2015 초등학교 수학과 성취기준